LA PAROLE ÉTERNELLE

Revue annuelle d'éducation chrétienne pour les écoles du dimanche

ADULTES

VOLUME 11

Éditions Foi et Sainteté
Lenexa, Kansas (États-Unis)

Publié originellement par
Publications Nazaréennes d'Afrique

P.O. Box 44
Florida Park, 1710
République d'Afrique du Sud

Version nord-américaine

Éditions Foi et Sainteté
17001 Prairie View Parkway
Lenexa, Kansas 66220 États-Unis

ISBN 978-1-56344-707-5

Comment préparer une leçon de l'école du dimanche

En début d'année

Au début de cette année d'enseignement, prenez le temps de mettre de côté tout le matériel dont vous aurez besoin pour l'école du dimanche. Placez le tout dans une boîte ou une pochette. Cela vous fera économiser du temps chaque semaine car vous n'aurez pas à chercher partout votre matériel puisque vous saurez où le trouver.

Gardez dans un carnet d'adresses, les dates d'anniversaires, etc. de tous vos élèves.

Lisez brièvement tout le contenu du livret des leçons car cela vous donnera une idée sur les différents thèmes mensuels, une vue globale et aussi une direction. Vous saurez le nombre de leçons qui figure sur chaque thème et éviterez ainsi d'aller trop vite quand vous enseignez.

Les deux heures de préparation hebdomadaire

30 minutes ***Lisez la leçon afin de vous familiariser avec son contenu.***

Le dimanche après-midi, de la semaine précédant cette leçon, prenez le temps de l'étudier. Priez et demandez à Dieu de vous donner la sagesse et de vous guider afin que vous puissiez présenter la leçon sous le meilleur angle possible.

10 minutes ***Vous aurez toute la semaine pour rassembler vos notes.***

Pour les besoins de l'école du dimanche, gardez tout le temps avec vous un cahier ou un carnet dans lequel vous noterez vos idées.

20 minutes ***Lisez le passage biblique 3 ou 4 fois pendant la semaine.***

Laissez la Parole de Dieu vous transformer pendant la méditation et la lecture de ce passage. La lecture permettra à la vérité que vous voulez enseigner de toucher d'abord votre vie.

50 minutes ***Organisez votre leçon.***

Préparez tout le matériel nécessaire. Relisez vos notes et organisez la manière à suivre pour enseigner la leçon à votre convenance.

10 minutes ***La dernière vérification.***

C'est la dernière chose à faire le dimanche matin avant de commencer la leçon. Vous devez avoir votre Bible et tout le matériel au complet. Revoyez le plan et vos notes une dernière fois. Enfin, prenez une minute ou deux pour remettre cette leçon au Seigneur et lui demander de vous utiliser. Vous avez sûrement déjà fait cela plusieurs fois pendant vos moments de dévotion, mais il serait bon de vous soumettre, encore une fois, à la volonté de Dieu.

Conseils utiles pour enseigner des leçons aux adultes

Le facteur association

La raison principale pour laquelle les gens choisissent telle ou telle église, ce sont les amis. 75 à 90% des gens deviennent membres d'une certaine église parce qu'ils ont des amis qui font déjà partie de cette assemblée qu'ils ont choisie. En dépit de l'importance d'un bon enseignement pour les groupes d'étude biblique, les gens accordent plus d'importance aux (bonnes) relations ! Un groupe d'étude biblique n'a pas pour unique but le divertissement. La communion fraternelle entre chrétiens est un ministère car elle aide les gens à jouir d'un sentiment d'appartenance.

Les cinq clés d'un enseignement efficace

- ***Enseignez dans la vision de l'église.*** Ne soyez pas insensible aux traditions, aux valeurs, aux expériences et aux croyances des personnes qui sont dans votre classe.
- ***Enseignez selon une large perspective.*** Vous devez tirer profit des expériences des gens et apprendre à les mettre en pratique dans votre enseignement.
- ***Enseignez comme quelqu'un qui partage un parcours avec d'autres personnes.*** Impliquez tous les étudiants de la classe en reconnaissant leur parcours vers la maturité. Écoutez-les et vous apprendrez beaucoup d'eux.
- ***Soulignez l'intégration de la foi personnelle en Christ avec la communauté chrétienne.*** Vous représentez le corps de Christ, la communauté de foi. Chacun a une fonction dans le corps.
- ***Enseignez de façon à favoriser la croissance spirituelle de l'individu et du groupe dans le corps de Christ.*** Encouragez les membres de la classe à croître, à témoigner de leur foi et à prendre des décisions bibliques et responsables.

Pour être un dirigeant efficace dans un groupe d'étude biblique pour adultes, vous devrez vous fixer comme priorité d'utiliser les qualités de leader chez les étudiants de votre classe :

- ***Encouragez-les à s'impliquer.*** Vous ne pouvez pas tout faire vous-mêmes ! L'engagement des membres de votre groupe peut approfondir leur dévouement et renforcer leurs qualités de dirigeants.
- ***Confortez-les.*** Montrez aux officiers et responsables de votre classe que vous savez apprécier leurs qualités et ayez une réaction positive en face d'eux.
- ***Déléguez-leur des responsabilités.*** Ne leur donnez pas simplement un titre, permettez-leur de prouver leurs capacités.
- ***Sachez reconnaître ouvertement leurs efforts.*** Ne laissez pas le travail accompli, dans l'anonymat. Dites souvent « merci ».

Les fondations de la formation spirituelle

Les trois étapes de la transformation spirituelle :

- ***Croire*** : La foi en Jésus Christ ne peut être séparée de la Parole. La proclamation de la Bonne Nouvelle exige une réponse (voir Romains 10.17).
- ***Appartenir*** : Nous avons besoin les uns des autres ! Nous avons besoin de l'exemple et du soutien de la communauté. Il est important que nous sachions que nous sommes bien intégrés.
- ***Devenir*** : Dieu n'a pas encore fini avec nous. Nous sommes tous en devenir. Quand nous servons Dieu et vivons notre foi, nous sommes placés là où il peut œuvrer en nous.

Chaque session de l'étude biblique vise une réponse qui obéit à la vérité contenue dans la Parole de Dieu. Notre objectif ne peut se limiter à un simple partage d'informations. Discuter, examiner, ou même reconnaître la vérité est loin d'être suffisant. Nous avons le privilège de traiter des réalités essentielles qui demandent une réponse. Ce qui commence comme un exercice de logique devrait aboutir à un exercice de foi. Notre objectif est que la vérité de la Parole soit intériorisée en croyance et extériorisée en action.

Votre groupe d'étude biblique vise la transformation de la vie. En tant que dirigeant, vous aurez la joie de voir votre investissement sur les autres produire des changements remarquables dans leur vie…, parfois. Mais, vous expérimenterez aussi la peine de servir ceux qui paraissent inchangés. Comment pourriez-vous réagir envers ceux qui ne produisent aucun résultat ? Continuez à être un enseignant loyal et un ami sincère pour eux. Chercher encore des moyens de vous rapprocher d'eux. Continuez à faire confiance à Dieu pour accomplir son œuvre merveilleuse dans la vie de ceux que vous servez !

La parole de vie

Mémoriser la Parole de Dieu est notre meilleure défense contre la tentation. Le psalmiste l'avait compris il y a bien des siècles quand il disait : « J'ai caché ta parole dans mon cœur, afin de ne pas pécher contre toi. » (Psaume 119.11). Cela est vrai pour le peuple de Dieu à travers les âges. Encouragez régulièrement les participants du groupe de l'étude biblique à mémoriser régulièrement le passage de Parole de vie.

Faisons preuve de dépassement

Servir les autres n'est pas une chose que nous faisons occasionnellement. C'est une expression qui dit, qui nous sommes. Paul nous dit d'être serviteurs les uns des autres par amour (Galates 5.13). Votre groupe est une excellente arène pour la participation individuelle dans le service chrétien. En effet, les groupes efficaces offriront toujours des occasions d'engagement significatif dans le ministère. Ces domaines d'activité sont souvent une source clé de vitalité au sein du groupe.

Idées pour enseigner les adultes

Il y a deux qualités nécessaires pour être un bon moniteur de l'école du dimanche: Vous devez aimer Dieu et aimer les gens. La chose la plus importante que vous devrez faire est d'aider les élèves à vivre l'amour de Dieu. Vous pouvez faire cela en vivant votre relation personnelle avec Jésus avec eux et en leur enseignant à développer leur propre relation avec Dieu.

Suivez les instructions données dans la section, *Comment préparer une leçon de l'école du dimanche.* Ensuite, appliquez ces instructions pour présenter une leçon de l'école du dimanche.

Comment présenter une leçon de l'école du dimanche

L'enseignement doit se faire à tous les niveaux: émotionnel, spirituel, social et mental. L'éducation chrétienne se doit de pourvoir une interaction avec la Vérité de l'évangile de façon à changer la vie des étudiants. Il ne suffit de comprendre un concept mentalement, la vérité doit affecter tous les aspects de la vie d'une personne, sa façon de penser, de son opinion sur certains sujets à la manière par laquelle elle répond et traite les autres.

La durée de votre leçon doit être soigneusement planifiée et organisée pour mettre en pratique votre préparation et vos idées. Nous aimerions suggérer le modèle de base suivant pour le déroulement de vos cours de l'école du dimanche. Ce modèle se base sur un cours d'une durée d'une heure. Les nombres entre parenthèses sont pour les cours d'une durée de 45 minutes.

- Arrivez au moins dix minutes à l'avance pour préparer votre classe et le matériel dont vous ferez usage.

- Utilisez les ***10 premières minutes*** pour accueillir vos élèves quand ils arrivent. Laissez un peu de temps pour la camaraderie et discuter des événements de la semaine passée. Demandez à la classe de soulever les sujets de prière. Commencez la leçon par la prière, permettant ainsi aux membres de la classe de prier pour les différentes requêtes. Vérifiez les devoirs et révisez la leçon de la semaine précédente.

- Couvrez la section *Examinez votre vie* pendant les ***15 (10) minutes*** qui suivent. Laissez du temps pour les idées et réflexions ; ne vous attendez pas à des réponses à chaque question ou une participation dans chaque activité. Sentez vous libre d'apporter des ajustements afin que la leçon soit plus pertinente à la vie de vos élèves.

- les ***15 (10) minutes*** suivantes doivent couvrir la section *Explorez la parole.* Souvenez vous de ne pas precher ou lire aux élèves. Présentez la leçon dans vos propres mots.

- les ***15 (10) minutes*** suivantes doivent être centrées sur *Exercez votre foi.* Soulignez bien l'importance de laisser la vérité pénétrer dans la vie et les attitudes de chacun dans sa vie de tous les jours.

- pendant les ***5 dernières minutes***, terminez par la prière et nettoyez la classe avant d'aller au culte.

- Évaluez le succès de votre leçon aussitôt que possible. Passez quelques minutes à prendre des notes concernant ce qui a marché et ce qui n'a pas marché pour les leçons à venir. Souvenez vous que l'enseignement de l'école du dimanche a pour but de construire des relations solides entre Dieu et vos camarades chrétiens.

LEÇON 1

L'esclave devenue reine

NOTES

Passage biblique

Esther 2.5–3

Parole de vie

Psaume 146.76-79

Examinez votre vie

Vous est-il déjà arrivé de vous sentir abandonné de tous ? Avez-vous déjà eu l'impression d'être sous l'emprise de vos émotions, de votre famille, d'un mal personnel, d'un malheur ou un autre ? Pouvez-vous vous rappeler une situation face à laquelle vous n'aviez ni la liberté ni la force de faire ce que vous vouliez faire ? Souvenez-vous de certaines circonstances face auxquelles le péché a voulu faire de vous son esclave. Nous sommes souvent confrontés à des situations face auxquelles nous nous sentons vaincus et désespérés. Quelles que soient les situations, Dieu peut nous aider à avoir une vie libérée de tout joug et nous donner la victoire.

Explorez la Parole

L'Ancien Testament révèle encore une fois comment le peuple choisi de Dieu s'est détourné de lui et a adoré d'autres dieux. Lorsqu'ils oublièrent le seul et véritable Dieu et refusèrent d'écouter les prophètes qui les appelaient à la repentance et au retour à Dieu, Dieu permit que son peuple souffre des conséquences de son choix. Cela signifiait parfois que le peuple juif, croyant et infidèle, serait vaincu et fait prisonnier par des souverains étrangers. Mais Dieu n'oublie jamais son peuple et il avait toujours un plan pour prendre soin de lui.

Mardochée était un fidèle juif qui vivait en captivité avec Esther, sa cousine orpheline. Il prenait soin de son éducation, de peur qu'elle n'oublie son héritage ou soit tentée de suivre la culture et la religion de sa terre de captivité. Il enseignait à Esther la fidélité au seul et vrai Dieu, lui rappelant d'obéir à tous ses commandements. Bien qu'ils soient fidèles à Dieu, Mardochée et Esther devaient obéir aux lois du pays où ils vivaient. Lorsque le roi Assuérus (Xerxès) voulut prendre une nouvelle reine, il fit venir à lui les plus belles vierges du royaume. Esther étant une très belle jeune fille, elle fut donc conduite dans la maison du roi. Personne dans le palais ne savait qu'elle était juive, mais elle obtint rapidement les faveurs de tous. En fait, elle plut tant et si bien au roi Assuérus (Xerxès) qu'il fit d'elle sa nouvelle reine. Pendant ce temps, alors qu'il cherchait sa cousine dans le palais, Mardochée surprit un complot contre le roi Assuérus (Xerxès), destiné à le faire mourir. Il fit parvenir un message à Esther afin qu'elle puisse prévenir le roi. Celui-ci fut sauvé grâce au témoignage de Mardochée et toute l'histoire fut écrite dans le livre d'histoires des rois.

Il y avait des lois auxquelles les Juifs ne pouvaient tout simplement pas se soumettre, même si leur vie en dépendait. Ils n'acceptaient pas de s'incliner et d'adorer un homme ou une idole. Ils ne s'inclinaient que devant Dieu. Il y avait cependant un homme appelé Hamann et qui était le premier ministre du roi. Toute personne devait se prosterner devant lui et l'honorer, mais Mardochée refusa de le faire. Bien que vivant comme esclave sur une terre étrangère, il était libre d'adorer son Dieu comme il se devait. Aucun homme, aussi puissant soit-il, ne pouvait le conduire au péché. Dieu honora la fidélité de Mardochée et d'Esther et leur donna la possibilité de sauver le peuple de Dieu.

Exercez votre foi

Etes-vous esclave de quelque chose dans votre vie ? Etes-vous prisonnier de votre situation ou de certaines circonstances ? Luttez-vous contre le péché ou la tentation ? Jésus est venu nous libérer du pouvoir de la mort et du péché. Quel que soit ce qui domine nos vies, nous pouvons être complètement affranchis du péché et du désespoir. Comment pouvons-nous prouver que nous nous sommes éloignés du péché ?

NOTES

LEÇON 2

Quand Dieu transforme le mal en bien

NOTES

Passages bibliques

Esther 4–5; 7–9

Parole de vie

Psaume 34.15-16

Examinez votre vie

Avez-vous déjà été confrontés à une situation face à laquelle vous vous êtes demandé comment quelque chose de bon pourrait en résulter ? Nous n'avons pas besoin de chercher loin pour avoir une mauvaise expérience vécue par quelqu'un que nous aimons. Permettez à quelques adultes de partager une expérience face à laquelle ils se sont demandé : 'comment quelque chose de bon peut-il résulter de cette situation' ?

Explorez la Parole

Hamann était le premier ministre du roi Assuérus (Xerxès), mais malgré toute sa puissance et sa position, il n'était pas heureux. Il était en colère parce que Mardochée le Juif refusait de s'incliner devant lui et de l'honorer. Hamann persuada donc le roi que les Juifs avaient une mauvaise influence sur le royaume et devraient tous être mis à mort. Hamann ignorait que la reine Esther était aussi Juive.

Mardochée raconta à sa cousine Esther le plan malveillant de Hamann. Elle fut dans une grande détresse mais se disait impuissante face à la situation. Elle était reine, mais n'avait en réalité aucun pouvoir. Elle n'avait même pas le droit d'aller trouver le roi à moins qu'il ne la fasse venir. En fait, elle risquait la mort si jamais elle tentait de le faire. Mardochée lui rappela que si elle n'essayait pas d'intervenir, elle mourrait assurément par la faute de Hamann. Elle ne serait pas épargnée sous prétexte qu'elle vivait dans le palais. Mardochée lui confia même que cette situation pourrait bien être la raison pour laquelle Dieu avait permis qu'elle soit choisie comme reine ; ainsi, il pourrait passer par elle pour sauver son peuple.

Mardochée discuta avec sa cousine et la sensibilisa tant et si bien qu'Esther prit conscience qu'elle devait tenter de parler au roi en faveur de son peuple, mais elle insista pour que ses domestiques, le peuple et elle-même priassent et jeûnassent pendant trois jours avant qu'elle n'approche le roi. Lorsqu'il lui fut permis de se présenter au roi, il tendit vers elle son sceptre en or pour lui signifier qu'elle pouvait s'approcher de lui sans crainte. Elle invita le roi et Hamann à un banquet sans rien révéler quant à ses intentions. Ce fut alors à ce moment seulement qu'elle présenta sa requête au roi et Hamann finit à la potence qu'il avait préparée pour Mardochée.

Hamann avait prévu de faire beaucoup de mal au peuple de Dieu, mais Dieu a changé ce plan malveillant en une opportunité pour son peuple de triompher de ses ennemis. Une journée spéciale fut décrétée pour que le peuple de Dieu n'oublie jamais comment il avait tourné une mauvaise situation à leur avantage. Il est aussi bon pour nous de nous rappeler que Dieu n'oublie jamais son peuple : 'Les yeux du Seigneur se tournent vers ceux qui lui obéissent, ses oreilles entendent leurs cris' (Psaume 34.16). Nous ne devons pas croire que Dieu nous enverra toujours de bonnes choses parce que parfois, il peut tirer quelque chose de bien de ce qui parait défavorable. Gardons aussi à l'esprit que nous devons demeurer humbles devant lui, chercher sincèrement sa face et demander son aide. L'histoire d'Esther nous rappelle que quel que soit ce qui nous arrive, le plan de Dieu est pour notre bien et il attend que nous nous tournons vers lui.

Exercez votre foi

Quelles situations affrontez-vous dans votre vie et qui vous semblent injustes ? Quelque chose de douloureux vous est-il déjà arrivé, ou à votre famille ? Quels maux voyez-vous dans le monde autour de vous ? Dieu est-il déjà arrivé à tirer un meilleur avantage de ces situations ? Présentez votre situation à Dieu et demandez-lui d'agir en votre faveur afin que vous puissiez tirer le meilleur avantage de ces situations.

NOTES

LEÇON 3

La consolation dans l'épreuve

NOTES

Passage biblique

Ruth 1–2

Parole de vie

2 Corinthiens 1.3-4

Examinez votre vie

Aviez-vous déjà risqué votre réputation pour une personne ou une cause que vous estimiez juste ? Ce risque valait-il la peine d'être pris ? Avez-vous déjà renoncé à vos espoirs ou à vos rêves pour vous préoccuper de quelqu'un d'autre ? Comment traitez-vous les personnes de votre communauté que les autres méprisent ou rejettent (prostituées, personnes vivant avec le VIH du Sida, etc.) ?

Explorez la Parole

Naomi avait beaucoup souffert de la mort de son mari et de ses enfants. Ses belles-filles n'avaient pas pu avoir d'enfants avec leurs maris. Selon la culture, les femmes avaient besoin de maris ou de fils pour prendre soin d'elles. Naomi essaya de renvoyer ses belles-filles auprès de leurs familles afin qu'elles puissent se remarier ou du moins être prises en charge par leur famille. L'une des belles-filles retourna chez elle tandis que l'autre, Ruth, insista pour rester avec sa belle-mère, qui regagnait sa terre natale où vivait le reste de sa famille. Bien que Naomi ait changé son nom en Mara, qui signifie 'amer', elle trouva du réconfort dans l'amour de sa belle-fille, Ruth.

Ruth quitta sa propre famille, son pays, tout pour suivre sa belle-mère dans un pays qu'elle ne connaissait pas. Bien qu'elle fût mariée à un Juif, elle ne connaissait rien de la culture ou des coutumes qu'elle trouverait en Israël. Elle avait aussi perdu son mari et n'avait pas d'enfants, mais son amour pour Naomi était si fort qu'elle s'engagea à adopter la culture, le peuple et même le Dieu des Israélites. Dieu honora son dévouement. Un des éléments du plan de Dieu pour Ruth fut de faire d'elle un ancêtre de Jésus, le Messie promis qui devait naître de la descendance d'Abraham.

Même si Dieu avait conçu ce magnifique plan pour elle, Ruth ne connaissait ni ne comprenait ce plan. Tout ce qu'elle savait se limitait à ce qu'elle et sa belle-mère vivaient au quotidien. Leur vie de veuves fut parsemée de difficultés. La vie de Ruth en tant qu'étrangère aurait pu être très difficile, mais elle affronta les obstacles et suivit les conseils de sa belle-mère. A tous ceux qui la connaissaient, Ruth prouva qu'elle était une femme honorable, en travaillant dans les champs et en prenant soin de Naomi. Elle ne se plaignait jamais de la rudesse du travail, ni des difficultés qu'elle rencontrait dans sa vie. Chaque jour, Dieu pourvoyait à leurs besoins.

Dieu n'avait pas apaisé le chagrin de Naomi et de Ruth. Il ne leur avait ni rendu leurs maris, ni donné d'autres enfants. Au lieu de tout cela, il les a consolées de sa présence. Il leur donnait, jour après jour, la force nécessaire pour vivre. Il leur envoya un parent compatissant pour les aider et les protéger. Boaz bénit Ruth pour les soins qu'elle apportait à sa belle-mère et Dieu exauça toutes leurs prières.

Exercez votre foi

Souhaitez-vous parfois que Dieu vous révèle son plan pour toute votre vie ? Avez-vous déjà été dans une situation qui, au départ, paraissait désespérée jusqu'à ce que Dieu révèle son plan ? Comment Dieu vous a-t-il consolé dans ces épreuves ? Vous êtes-vous déjà senti abandonnés par Dieu ? Qu'est-il arrivé ? Dieu est-il passé par vous pour que vous soyez une bénédiction pour quelqu'un d'autre ? Trouvez le temps, cette semaine, de chercher les moyens par lesquels Dieu peut passer par vous pour aider d'autres.

NOTES

LEÇON 4

Son plan s'accomplit toujours !

NOTES

Passage biblique

Ruth 3–4

Parole de vie

Deutéronome 7.9

Examinez votre vie

Demandez aux adultes de consacrer un moment pour demander à Dieu 'pourquoi' il a permis que tel ou tel chose se produise dans leur vie. Demandez à des volontaires de partager une situation dans laquelle Dieu a tourné un évènement qui semblait désespérée en quelque chose de merveilleux. Discutez de la signification du 'plan de Dieu' et de la 'volonté de Dieu'. Laissez les adultes discuter de la question à savoir si oui ou non tout ce qui arrive est la volonté de Dieu.

Explorez la Parole

Ruth était une étrangère, une inconnue, pas une 'enfant d'Abraham' ; elle adopta néanmoins la culture et la religion juives et prenait soin de sa belle-mère. Notre passage biblique d'aujourd'hui montre comment Dieu a œuvré dans la vie de Ruth, par l'intermédiaire de la culture dans laquelle elle vivait, pour lui donner un deuxième mari, Boaz. Ce dernier était un homme honorable et pieux et il aimait surtout faire ce qui est juste. Il savait qu'il y avait un parent 'sauveur' beaucoup plus proche de la famille de Naomi que lui, alors il donna à cet homme la chance de prendre sous sa responsabilité Naomi et Ruth. Boaz faisait tout en présence de témoins et il obtint la permission d'épouser Ruth.

Dieu donna à Boaz et à Ruth un fils nommé Obed, que Naomi accepta aussi comme son petit-fils. Obed eut un fils, Isaï (Jesse). Isaï eut à son tour beaucoup de fils dont David, qui devint le plus grand roi qu'Israël n'ait jamais connu. Et Jésus notre Sauveur appartient à la descendance de David, le fruit de Boaz et de Ruth, une étrangère, mais une fidèle convertie au judaïsme.

Ce mois-ci, nos histoires nous ont montré des situations difficiles qui se sont bien terminées parce que Dieu a œuvré pour le bien de ceux qui l'aiment.

Esther ne savait pas, lorsqu'elle devint reine, que Dieu passerait par elle pour sauver son peuple. Ruth ignorait que le Messie viendrait de sa descendance quand son mari mourut, la laissant sans enfant. Dieu fit ce qui était bon à travers ces femmes loyales au fur et à mesure qu'elles le servaient, jour après jour et ce en dépit des difficultés qu'elles rencontraient.

Nous chrétiens, devons aussi être occupés à servir Dieu chaque jour au lieu de rester à attendre qu'il nous confie une mission importante. Nous devons prendre l'habitude de regarder autour de nous pour saisir des opportunités de faire le bien, d'aider nos proches, de partager l'amour de Dieu à travers nos paroles ou nos actes. Dieu nous montre toujours une voie par laquelle nous pouvons le servir. Votre église a peut-être besoin d'un responsable de jeunes, d'un moniteur pour l'école du dimanche, de quelqu'un pour promouvoir un thème mensuel pour les Missions Nazaréennes Internationales (MNI), de volontaires pour constituer un groupe d'évangélisation pour ceux qui sont dans le besoin dans votre quartier ou alors d'un responsable de cellules de prière. Nous pourrions facilement en vouloir à nous-mêmes ou même à Dieu si nous restons paresseusement à attendre qu'il se produise un grand miracle spirituel. Nous devons œuvrer activement pour Dieu, en travaillant dans sa moisson.

NOTES

Exercez votre foi

Discutez de ce que pourrait être le plan de Dieu pour la vie de chacun ou de la classe en tant que groupe. Nous devons également servir Dieu chaque jour au lieu de nous asseoir et d'attendre qu'il nous confie une tâche grandiose ou importante. Prenons l'habitude de regarder autour de nous afin de saisir les opportunités de faire le bien, d'aider les voisins, de partager l'amour de Dieu en paroles et en actions. Dieu donne toujours l'opportunité pour que nous le servons. Votre église a peut-être besoin d'un responsable des jeunes, d'un enseignant de l'école du dimanche, de quelqu'un qui fasse la promotion d'un thème mensuel pour les Missions Nazaréennes Internationales (M.N.I.), de volontaires pour venir en aide aux indigents qui vivent dans votre voisinage en passant par l'évangélisation d'une communauté ou d'un organisateur pour un ministère de la prière, etc. Quelqu'un peut se sentir facilement frustré avec lui-même ou même avec Dieu, s'il/elle attend oisivement qu'un grand miracle spirituel se passe. Nous devons nous occuper des affaires de Dieu en travaillant dans la moisson.

Forme des groupes de trois ou quatre personnes et que chacun partage au moins une activité spécifique qu'il/elle envisage de faire pour servir ou exercer un ministère envers ses semblables.

LEÇON 5

Le fort peut tomber

NOTES

Passage biblique

Juges 16.1-31

Parole de vie

1 Corinthiens 10.12

Examinez votre vie

Demandez aux adultes d'établir deux listes : une liste des personnes qu'ils admirent et une autre des personnes qui étaient admirées de tous jusqu'au moment où elles ont chuté. Dans ces listes, il y aura des noms d'hommes politiques, des célébrités, des responsables d'église et des personnes puissantes de la communauté. Expliquez brièvement pourquoi chaque personne est ou était admirée. Ensuite, expliquez ce qui a causé la chute de ces personnes qui avaient l'admiration de tous. Avez-vous déjà assisté à la chute d'un héros politique dans votre communauté ou votre pays ? Avait-il failli à ses promesses, transgressé la loi ou s'était-il compromis dans certaines situations ? Nous aimons avoir des idoles, des personnes qui nous inspirent et quand ces personnes tombent, nous avons l'impression qu'elles nous ont personnellement trahi. Samson était un homme qui 'chutait' souvent et sa force physique ne pouvait pas le sauver de son faible caractère.

Explorez la Parole

Nous étudions Samson dans une situation difficile causée par ses choix malheureux et son inaptitude à se maîtriser. C'est comme si Samson avait divisé sa vie en compartiments : d'un côté il avait sa vie spirituelle en tant que Juif, de l'autre, il menait sa vie en tant que juge d'Israël et il avait enfin sa vie privée. Il voulait rendre chaque compartiment de sa vie indépendant des autres. Malheureusement, cela ne marcha guère pour lui tout comme c'aurait été le cas pour nous. Parfois, nous avons le désir de séparer les domaines de notre vie. Nous menons notre vie chrétienne à l'église chaque dimanche, nous avons notre vie à la maison et entretenons nos relations avec la famille et les voisins et puis nous avons notre vie professionnelle. De temps à autre, nous nous comportons mieux avec nos collègues qu'avec nos familles. Si nous séparons ces choses, notre vie va éventuellement s'effondrer.

Samson avait beau être l'homme le plus fort du monde, il s'était laissé gagner par sa faiblesse pour les femmes. Il pouvait couper les liens et cordes qui le liaient, mais il était incapable de se défaire du lien de cette femme. La chevelure de Samson était un signe extérieur de la présence divine dans sa vie. En réalité, la force de Samson n'était pas dans la longueur de ses cheveux, mais entre les mains du Dieu Tout-Puissant. Cependant, Samson commençait à croire en ses cheveux plutôt qu'en Dieu. Son orgueil et sa faiblesse l'avaient conduit à la chute. Qu'en est-il de vous ? Placez-vous votre confiance en quelqu'un ou quelque chose d'autre que Dieu ?

Bien que la force ait quitté Samson, Dieu ne l'avait pas complètement abandonné. Aux moments les plus sombres, lorsque Samson se trouvait enfermé dans le cachot, la tête rasée, les yeux crevés, la grâce de Dieu commençait à œuvrer dans son cœur. Lorsque Samson fut fortement humilié devant le peuple philistin, il éleva son âme vers son Dieu. Il prononça les mêmes paroles que celles prononcées par le brigand sur la croix ; Samson dit : 'Seigneur Eternel ! Souviens-toi de moi' (16.28). A ce stade de sa vie, Samson se trouvait là à cause de ses choix malheureux et parce qu'il avait écarté Dieu de quelques domaines de sa vie. Dieu avait établi Samson comme juge d'Israël, mais il avait tourné le dos à Dieu et tenté d'agir par ses propres forces. Il croyait qu'il n'avait pas besoin de Dieu car il était physiquement fort.

Exercez votre foi

Il peut nous arriver de crier vers Dieu comme Samson l'a fait, lorsque nous nageons dans le péché et l'humiliation. Vous est-il déjà arrivé d'oublier ou d'écarter Dieu de certains domaines de votre vie ? L'avez-vous servi en utilisant vos propres forces ? Dieu ne vous oublie pas. Il vous a créé et vous aime. Il désire que vous passiez l'éternité avec lui au ciel, mais pour se faire, il faut que vous vous éleviez vers lui.

NOTES

LEÇON 6

Suivre le bon exemple

NOTES

Passages bibliques

1 Rois 12.1-24, 14.21-31 ; 2 Chroniques 11–12

Parole de vie

Hébreux 4.12-13

Examinez votre vie

Connaissez-vous une personne qui dit une chose et en fait une autre ? Avez-vous vu des parents qui se conduisent d'une certaine manière et qui s'attendent à ce que leurs enfants se conduisent différemment ? Demandez à la classe d'énumérer les termes ou expressions décrivant les personnes qui se comportent de cette manière. Sont-elles des personnes malhonnêtes, des escrocs ou des hypocrites ? Et vous ? Vous êtes-vous déjà conduit de cette façon ? Etes-vous malhonnête, faux ou hypocrite ? La leçon d'aujourd'hui dévoile la vie d'un roi qui non seulement n'avait aucune sagesse mais était de surcroit escroc.

Explorez la Parole

Roboam était roi d'Israël, successeur de Salomon, son père. Sa mère était une Ammonite. Salomon, qui avait la réputation d'être le plus grand sage qui ait jamais existé, n'appliquait pas toujours sa sagesse dans sa maison. Comme il prenait de l'âge, ses femmes le poussèrent vers d'autres dieux, de sorte que son cœur ne fut point entièrement dévoué à l'Eternel, son Dieu (1 Rois 11.5). Voilà l'exemple qu'il était pour ses enfants.

Aussitôt après la mort de Salomon, le peuple alla trouver Roboam pour le supplier de baisser les taxes. Roboam convoqua tous les conseillers de Salomon pour qu'ils l'aident à prendre une décision, mais à la fin, il rejeta leurs recommandations, préférant écouter ses amis plutôt que les conseillers du peuple (12.6-15). La réponse de Roboam enflamma le peuple : dix tribus ne le reconnurent donc plus comme leur roi et choisirent Jéroboam comme le souverain du nord tandis que Roboam régnait sur les royaumes de Juda et de Benjamin. Jéroboam fit des idoles pour le peuple d'Israël afin qu'il n'éprouvât pas le désir de se rendre à Jérusalem. C'est ainsi que tous ceux qui étaient restés fidèles au Seigneur allèrent à Jérusalem où se trouvait le temple du Seigneur bâti par Salomon. Donc, nous voyons le royaume d'Israël divisé après la mort de Salomon, ce qui fut une triste conséquence causée par un dirigeant au cœur partagé et dont les enfants suivaient l'exemple et non la réputation.

Roboam gouverna avec sagesse pendant plusieurs années (2 Chroniques 11). Lorsque Dieu envoya le prophète Schemaeja pour avertir Roboam de ne pas aller en guerre contre Jéroboam et les peuples du royaume du nord, Roboam écouta et obéit. Il fortifia les villes et accepta le fidèle qui s'était déplacé vers le royaume du sud. Ces peuples avaient renforcé la puissance du royaume de Juda et appuyé Roboam pendant trois ans. Toutefois, après qu'il se fût affermi dans son royaume et eut acquis de la force, son peuple et lui-même abandonnèrent la loi de l'Eternel (2 Chroniques 12.1-14). Schemaeja retourna voir Roboam cette fois-ci pour mettre le roi en garde et prononcer le jugement de Dieu sur lui et le peuple d'Israël. Encore une fois, il écouta le prophète. Il accepta et lui et les responsables du peuple s'humilièrent devant Dieu et l'Eternel les délivra. Dieu voulait cependant que les Israélites comprennent la différence qu'il y a entre servir l'Eternel et servir les rois d'autres pays, c'est pourquoi il livra Juda à l'Egypte. Toutefois, Dieu voyait qu'il y avait encore quelque chose de bon en Juda (12.12).

Exercez votre foi

Menez-vous une 'double vie' ? Avez-vous une vie de 'dimanche' et de 'reste de la semaine' ? Il est facile de mener temporairement une 'double vie' pour faire plaisir aux gens tout en ayant une vie secrète, cachée. Lisez ensemble Hébreux 4.12-13. Vous pourrez peut-être tromper votre entourage mais vous ne pourrez jamais tromper notre Père qui est au ciel, qui voit et connaît tout ce qui est fait dans le secret. Prenez l'engagement d'être un seul esprit et un seul cœur, fidèles dans vos paroles et vos actes.

NOTES

LEÇON 7

Avoir un bon jugement

NOTES

Passage biblique

1 Samuel 25

Parole de vie

Proverbes 31.30

Examinez votre vie

Avez-vous déjà vécu une situation où vous avez vu les conséquences sur le point de tomber sur un (e) ami (e) à cause de son comportement immature ? Votre employeur est peut-être entrain de faire quelque chose d'illégal ou peut-être, avez-vous un(e) parent(e) ou un(e) ami(e) qui fait des choses illégales dont vous êtes au courrant ! Quelle est la responsabilité du chrétien dans une telle situation ? Notre responsabilité devrait-elle dépendre de notre degré d'influence sur l'autre personne ? Y aurait-il une différence, qu'il s'agisse de votre mari ou de votre femme ? Que se passera-t-il si vous êtes croyant(e) et elle/lui non ? Votre réaction varierait-elle selon que les conséquences pourraient affecter votre famille et vous-même ? Cette situation pourrait-elle détériorer vos relations avec cette personne là ? La leçon d'aujourd'hui nous instruira sur la sagesse dont une femme a fait preuve dans une situation éventuellement dangereuse.

Explorez la Parole

David et sa bande de 600 hommes étaient des fugitifs. Ils étaient poursuivis par Saul et ainsi, ils aidaient les paysans à surveiller leurs troupeaux et à les protéger d'éventuels dangers. Les fermiers faisaient tout leur possible pour aider David et ses hommes. L'un des fermiers dont ils gardaient le troupeau était un homme riche nommé Nabal. Quand le moment vint de tondre les moutons, David envoya quelques hommes chercher leur dû. Mais Nabal refusa de donner quoique ce soit à David et à ses hommes. Cela mit David dans tous ses états et lui et 400 de ses hommes prirent leurs épées et se dirigèrent vers la maison de Nabal pour le tuer et massacrer ses serviteurs. Ils ne s'attendaient pas à tomber sur une femme brave et sage qui viendrait et leur tendrait la main en signe de paix pour ainsi éviter tout conflit.

NOTES

Lorsqu'ils entendirent le refus de Nabal, ses serviteurs, prévoyant déjà la réaction de David, allèrent vers la femme de Nabal pour chercher de l'aide. Abigaïl devait agir très vite et c'est pourquoi elle ne dit pas à son mari ce qu'elle avait l'intention de faire. Au contraire, elle ordonna aux serviteurs de préparer un généreux paiement pour David et alla à leur rencontre avant qu'ils ne tuent son mari et toute la maisonnée. Abigaïl ne se présenta pas à David comme une femme riche et puissante ou comme l'épouse d'un homme riche et puissant. Non ! Elle s'inclina jusqu'à terre devant lui et se fit humble. Abigaïl prit la responsabilité du blâme sur elle, s'accusant de n'avoir pas remarqué la présence des hommes de David et leur donna leur dû, en demandant pardon au nom de la maison. Elle le pria de remettre sa vengeance sur Nabal à Dieu afin de ne pas se rendre coupable de sang versé.

Abigaïl était apparemment une croyante et une femme de Dieu et elle bénit David et ses hommes. Son sage plaidoyer adoucit le cœur de David et il la bénit à son tour. David accepta le paiement et annonça que ses hommes et lui acceptaient sa demande et ne feraient aucun mal aux gens de la maison de Nabal. De retour chez elle, elle trouva Nabal complètement ivre puis attendit le lendemain pour lui raconter ce qu'elle avait fait. Lorsqu'il entendit le récit d'Abigaïl, le souffle manqua à Nabal et dix jours plus tard, il mourut. Ainsi, Abigaïl devint la femme de David.

Exercez votre foi

Quelles leçons de savoir-vivre Abigaïl nous donne-t-elle ? Organisez un débat pour voir comment mettre en pratique ces leçons : si vous faites face à une situation délicate, vous devez vous présenter et exprimer votre demande avec humilité. L'attitude et la motivation intérieure font toujours la différence ! Dieu honore celui qui fait les choses justes. Il ne change pas toujours la relation, mais il donne toujours la grâce de rester ferme.

LEÇON 8

Que l'orgueil ne précède pas ta chute !

NOTES

Passage biblique

2 Chroniques 26

Parole de vie

Job 35.9-11

Examinez votre vie

Dans votre vie, quelle est la chose dont vous êtes fier ? Est-ce votre travail ? Votre maison ? Vos études ? Votre famille ? Êtes-vous fier de votre bonne conduite ? De votre humilité ? Peut-on être fier de son 'humilité' ? Dans ce cas, est-ce que c'est vraiment de l'humilité ? La leçon biblique d'aujourd'hui parle d'un roi dont l'orgueil et le narcissisme étaient devenus si excessifs que l'Eternel jugea utile d'intervenir.

Explorez la Parole

Lorsque Ozias eut seize ans, il devint roi de Juda, à la place de son père Amatsia. Dix générations plus tard, nous voyons que l'héritage de Roboam continue. En 2 Chroniques 25.2, nous lisons que Amatsia fit ce qui est juste aux yeux de Dieu, mais pas de tout son coeur. Les rois de Juda avaient l'habitude de trébucher sur cette pierre pointue qui se trouvait sur leur chemin. Dieu n'apprécie pas un cœur partagé, c'est-à-dire un cœur qui lutte à la fois pour les choses de ce monde et pour Dieu. Une définition du mot 'sainteté' nous apprend que 'la pureté du cœur est d'aspirer à une seule et unique chose'. Cela veut dire que les désirs de votre cœur sont totalement centrés sur Dieu et épousent sa volonté. Le territoire le plus convoité du monde est le cœur. Satan a renoncé à une éternité dans le ciel pour s'approprier votre cœur et Dieu a donné son unique fils pour cela. Si vous aimez Dieu mais pas de tout votre cœur, ou si vous le servez sans y mettre tout votre cœur, alors c'est comme si un territoire de votre cœur appartient toujours au diable.

Pendant tout le temps que le roi Ozias cherchait l'Eternel, Dieu lui accordait le succès (26.5). Sur le plan politique, la royauté de Ozias se termina par une victoire sur ses ennemis et par de grandes réalisations dans le royaume.

NOTES

Sur le plan militaire, il alliait organisation et préparation. Sa renommée s'étendait jusqu'aux frontières de l'Egypte, car il devint très puissant (26.8b).

Mais lorsqu'il fut puissant, 'son cœur s'éleva pour le perdre' (26.16). Il cessa de dépendre de Dieu et lui était infidèle. Il était devenu si orgueilleux qu'il tenta d'accomplir des tâches dans le temple, tâches que seuls les prêtres étaient autorisés à effectuer. Il refusa d'écouter leurs avertissements et Dieu le frappa d'une lèpre sur le front afin que tout le monde puisse le voir. Il fut séparé d'avec sa famille pour le restant de ses jours et son fils prit possession du royaume.

Quand ils parlaient d'Ozias, les gens disaient : 'il avait la lèpre'. Voici ce dont ils se souvenaient le plus chez cet homme dont la célébrité avait atteint les frontières de l'empire égyptien et dont les exploits furent grandioses en leur temps. Sans doute, si Ozias avait gardé entièrement Dieu dans son cœur, le monde se serait souvenu de lui comme 'un homme qui aimait Dieu'.

Exercez votre foi

Si vous mourrez aujourd'hui, que diraient les gens de vous ? 'Il travaillait très dur' ou 'elle tenait sa maison toujours propre' ? Quelle forme de témoignage ferait-on sur votre vie ? Quel bonheur pour les gens de dire : 'Il était un homme pieux qui aimait ses semblables' ou 'elle était bienveillante et pure et aimait Dieu de tout son cœur'. Etes-vous fiers quand vous agissez mal ? La propreté de la maison, les biens matériels et même le travail passeront et ne mèneront à rien mais, une relation avec Dieu durera toujours. Interrogez-vous et cherchez à savoir si votre orgueil peut un jour être une source de chute pour vous !

LEÇON 9

Nous devons connaître celui que nous servons

NOTES

Passages bibliques

Actes 6.1-7 ; Romains 1.8-12

Parole de vie

Romains 1.16

Examinez votre vie

La Bible est remplie d'histoires de personnages que Dieu a utilisés tels Abraham, Moise, Elie, Marie, Paul, etc. Crois-tu vraiment que Dieu puisse t'utiliser aussi ? Choisissez des volontaires qui partageront des expériences à travers lesquelles ils ont vu Dieu à l'œuvre à travers des hommes. Y a-t-il quelque chose de spécial chez la personne que Dieu utilise ? Quelles qualités doit posséder une personne pour que Dieu l'utilise ?

Explorez la Parole

Dans l'Ancien Testament, nous avons étudié des personnages dont l'histoire précède la naissance de Jésus. Pourtant, ils avaient une réputation d'hommes justes et fidèles. A cette époque-là, l'Esprit du Seigneur ne venait pas sur n'importe qui sinon sur certaines personnes que Dieu choisissait pour accomplir une mission spéciale. Nous qui vivons à l'ère chrétienne bénéficions d'un grand privilège : Dieu répand son Esprit sur tous les croyants et non sur un nombre restreint. Ainsi, nous sommes supposés être plus efficaces et plus fidèles qu'ils ne l'étaient. Ceci ne signifie pas que nous devrions tenter de demander au feu de descendre du ciel comme Elie le fit. Dieu ne veut pas que les hommes aient peur dans le royaume, car, comme nous l'avons constaté avec Elie, la peur ne produit pas de résultat durable. Non, il veut que les hommes aient l'assurance qu'il est Dieu par la puissance transformatrice du Saint-Esprit dans la vie de son peuple fidèle.

Le Saint-Esprit joue un rôle vital dans la vie de chaque croyant. C'est le Saint-Esprit qui amène les hommes à Jésus Christ. Il témoigne de la nouvelle naissance que nous avons en Jésus Christ. Le Saint-Esprit nous régénère dans la conversion et nous sanctifie entièrement, en purifiant notre cœur. Le Saint-

NOTES

Esprit nous enseigne et nous dirige. L'an dernier, nous avions étudié le fruit que le Saint-Esprit produit dans nos vies. Le fruit de l'Esprit : l'amour, la joie, la paix, la patience, la bienveillance, la bonté, la douceur, la fidélité et la maîtrise de soi, est planté dans le cœur de chaque croyant et continue de pousser toute notre vie durant dans notre marche fidèle avec Dieu.

En plus du fruit de l'Esprit planté en chaque croyant, il y a des dons que l'Esprit nous octroie afin que notre service pour Dieu produise les résultats escomptés par Dieu. Même l'église primitive luttait pour une bonne compréhension des dons spirituels. Paul et Pierre écrivirent tous deux des lettres pour tenter d'expliquer que les dons n'étaient pas des choses à rechercher pour satisfaire un orgueil personnel ou un désir égoïste ; il y avait de ces croyants qui recherchaient les dons les plus visibles et voulaient être admirés ou se faire passer pour des hommes puissants. Paul déclara aux croyants de Rome que le don spirituel qu'il voulait leur communiquer les raffermirait et les encouragerait mutuellement les uns les autres par la foi (Romains 1.11-12). Il est important que nous ne mettions pas l'accent sur les dons, même spirituels, mais concentrons nous plutôt sur Dieu qui accorde les dons par son Saint-Esprit. Les chrétiens ont différentes compréhensions quant aux dons de l'Esprit et nous devons être vigilants afin de ne pas nous laisser abuser par des arguments subtils. Les semaines à venir, nous étudierons les dons spirituels et espérons apprendre beaucoup sur le service efficace.

Exercez votre foi

Discutez : ceux qui n'ont pas le Saint-Esprit n'ont pas de dons spirituels. Puisque l'obtention des dons spirituels dépend d'une effusion directe, personnelle, du Saint-Esprit, ce jour est peut-être un moment idéal pour une évaluation personnelle. Vous consacrez-vous tous les jours au Seigneur ? Lui soumettez-vous chaque domaine de votre vie ou alors y a-t-il des domaines que vous ne voulez pas lui soumettre ? Tous les jours, nous devons totalement nous soumettre à lui, sans rien garder pour nous.

LEÇON 10

Des occasions de servir pour chacun

NOTES

Passage biblique

Romains 12.3-8

Parole de vie

Romains 12.4-5

Examinez votre vie

Discutez : dans quelle mesure l'église peut-elle être comparée à un corps ? Comment pouvons-nous être réellement reliés aux autres fidèles et familles qui viennent à l'église ? Agissons-nous comme une seule et même famille, nous soutenant et nous entraidant les uns les autres dans les moments difficiles ou restons-nous dans notre coin attendant qu'un autre règle les problèmes qui se posent ?

Explorez la Parole

Notre passage biblique affirme aujourd'hui que tous les croyants forment un seul corps et que nous devons nous soutenir les uns les autres. De la même manière que notre corps physique comporte plusieurs parties auxquelles sont attribuées des fonctions différentes, le corps de Christ aussi, qui est l'église, a plusieurs parties ayant des fonctions différentes. Chaque membre est relié à tous les autres et doit fonctionner de la meilleure manière possible. Nous recevons des dons par la grâce divine, aussi, nous ne devons pas les garder pour nous seuls ou nous enorgueillir de leurs effets. Ne nous focalisons donc pas sur ce ou ces dons que Dieu nous a donnés mais utilisons-les pour nous entraider et nous édifier les uns les autres.

En Romains 12, Paul dresse une liste de 7 dons différents. Il n'estime pas que ce sont les seuls dons valables. Bien au contraire, selon lui, la nature du don que reçoit un croyant importe peu, ce qui importe le plus est qu'il soit utilisé efficacement et de manière constante. La diversité est source d'encouragement en ce sens qu'elle permet un large éventail de services, ce qui indique que Dieu peut utiliser chacun d'entre nous. Il n'a jamais été question d'un chrétien qui n'a rien pour œuvrer dans le royaume de Dieu, car le Seigneur nous donne l'habileté et la puissance pour qu'on le serve selon sa volonté.

NOTES

Nous ne devons nullement garder à esprit l'idée selon laquelle seuls certains ministères comme la prédication ou l'évangélisation sont valorisés dans le royaume. Tout acte ou toute parole qui attire les hommes vers Dieu, encourage les autres au nom de Dieu ou les équipe pour le service est valable et efficace.

Divisez la classe en trois ou plusieurs groupes et assignez chacun des dons cités en Romains 12 à un groupe pour qu'ils discutent et proposent des exemples sur la manière dont chaque don est ou doit être utilisé dans votre église. Avoir le don de *prophétie* ne signifie pas prédire l'avenir, mais plutôt annoncer un message du Seigneur pour encourager, mettre en garde, instruire ou équiper. Avoir le don du *service*, c'est satisfaire les besoins des autres, que ce soit par l'hospitalité, la compassion (comme les associations caritatives, les maisons d'accueil, etc.) ou même le nettoyage et la distribution de nourriture. Avoir le don *d'enseignement* permet de partager la sagesse et la connaissance, soit en tant qu'enseignant de l'école du dimanche, soit leader de maison de prière, soit faiseur de disciples, soit mentor. Avoir le don *d'encouragement*, c'est savoir apprécier par un soutien affectif et spirituel, ce que les autres font, au cours de leur croissance et de l'exercice de leur service dans divers domaines, afin qu'ils ne se découragent, ni ne se lassent dans leur marche spirituelle. Avoir le don de *contribuer aux besoins des autres* signifie offrir une partie de ses biens aux nécessiteux. Ce n'est pas un don accordé uniquement aux gens riches, mais c'est une attitude de générosité et d'intendance des biens que Dieu nous a donnés (en termes de disponibilité, de talents et de biens matériels). Avoir le don de *leadership*, c'est avoir la capacité de guider et de diriger les autres à faire des bonnes actions, non pas pour eux-mêmes, mais pour renforcer les aptitudes des autres afin qu'ils fassent leurs devoirs. *Avoir le don de compassion* consiste à faire du bien aux autres sans chercher à savoir s'ils le méritent ou non.

Exercez votre foi

Avez-vous déjà vécu une situation où chacun de ces dons était un besoin ? Qu'arrive-t-il lorsque vous servez dans différents domaines ? Dans quel domaine vous sentez-vous le plus efficace ? Qu'en pensent vos amis et votre famille ? Cette semaine, trouvez des opportunités pour servir et réfléchissez sur la manière dont Dieu vous utilise dans ces domaines.

LEÇON 11

Édifions-nous ou détruisons-nous ?

NOTES

Passages bibliques

1 Corinthiens 12.7-11, 14.1-25

Parole de vie

1 Corinthiens 14.12

Examinez votre vie:

Est-ce qu'il t'arrive souvent de dire quelque chose et de le regretter la minute suivante ? Ou as-tu l'impression que Dieu te communique dans maintes situations différentes les paroles que tu dois dire ? Est-ce que tu aimes encourager les gens, enseigner à l'école du dimanche, ou bien penses-tu qu'il est plus facile d'apprendre d'autres langues ? Dieu accorde des dons ou des paroles spéciaux, afin que nous servions Dieu et les hommes avec nos paroles et notre bouche.

Explorez la parole:

La culture corinthienne présentait de nombreux défis pour les croyants. Les païens qui s'étaient convertis à Christ voulaient exporter leurs coutumes païennes dans l'église. Paul avec beaucoup de soin et de compassion, tente de conduire ces croyants vers la croissance et la maturité spirituelles. Il commande aux croyants de Corinthe de chercher à faire de grandes choses pour Dieu, mais son souci était qu'ils se servaient de leur désir pour les dons spirituels pour diviser l'église et non pour l'édifier. De la même manière qu'il écrivit à l'église de Rome au sujet de l'unité du Corps de Christ, il écrivit aussi à l'église de Corinthe sur le même sujet. Il montre qu'il y a différents dons, différents services, différentes œuvres, mais un seul Esprit, un seul Seigneur, un seul Dieu.

Faites deux groupes. L'un lit 1 Corinthiens 12.7-11 et l'autre lit 1 Corinthiens 14.1-25. Il s'agit de découvrir l'objectif assigné aux dons spirituels dans le passage donné (12.7 et 14.8). Ensuite, ils énuméreront dans la liste, chaque don, expliqueront sa signification, et proposeront un exemple pour montrer comment ce don peut être utilisé pour accomplir l'objectif tiré de ce passage. Chaque groupe exposera son travail devant toute la classe.

Discutez au sujet des deux objectifs que Paul a suggérés aux Corinthiens. Les dons sont accordés "pour l'utilité commune" (12.7) et pour « édifier l'église » (14.8). Notons que le danger qui menaçait l'église de Corinthe est celui là même qui menace l'église actuelle, parce que l'intérêt est davantage placé sur les dons que sur les objectifs qui leur sont assignés par Dieu. Nous nous relâchons spirituellement, toutes les fois que nous détournons notre attention de Christ en faveur d'autre chose, quand bien même il s'agirait des dons de l'Esprit.

Paul fut très bouleversé parce que les Corinthiens faisaient mauvais usage de leurs dons spirituels et l'église, au lieu d'être édifiée, était menacée de destruction. Sujet de discussion: Notre église est-elle en danger à cause d'un mauvais usage des dons spirituels, ou est-ce que ce danger est beaucoup plus sérieux de nos jours ? Paul nous dit en 1 Corinthiens 14 que l'Esprit Saint a le plein contrôle des dons spirituels et nous devrions lui faire confiance pour les distribuer selon sa propre volonté et sagesse. Ne cherchons pas à avoir des dons spéciaux, mais abandonnons complètement ces décisions à Dieu. Ne tombons pas non plus dans le piège qui consiste à considérer les dons de l'Esprit comme une manifestation extérieure du salut, de la maturité ou de la spiritualité.

NOTES

Exercez votre foi:

As-tu un don que tu exerces déjà parmi les dons spirituels mentionnés dans la discussion d'aujourd'hui ? Qu'est-ce que tu en conclues ? L'exercice de ce don personnel participe-t-il à l'édification du corps de Christ ? L'utilité commune est-elle renforcée, ou est-il cause de division ? Peux-tu expliquer l'effet spirituel que tu ressens, lorsque Dieu t'utilise efficacement ? Comment les autres perçoivent-ils cette question à ton sujet ?

LEÇON 12

Purifiés pour nous détourner du péché

NOTES

Passage biblique

Romains 6.1-14

Parole de vie

Romains 6.1-2

Examinez votre vie

Désignez des volontaires pour dire ce que Pâques signifie pour eux. Si vous participez à un camp de Pâques ou si vous avez eu un culte spécial ce matin, racontez les expériences et les impressions vécues pendant ce culte. Puisque le Dimanche de Pâques marque le début de Pâques à Pentecôte, expliquez le lien entre la Pâque, la Pentecôte et la sainteté.

Explorez la Parole

Demandez aux adultes de dresser une liste aussi longue que possible de tous les problèmes de ce monde en deux ou trois minutes. Demandez à des volontaires de dire ce qu'ils pensent de ces assertions : « le péché est la racine de tous les maux dans le monde ». Est-ce vrai ou faux ? « Le péché nous tient en captivité et nous rend esclave de nos désirs ». Qu'allons-nous donc faire du péché ?

Choisissez un volontaire pour lire Romains 6.1-7. Expliquez : vu que nous sommes sous la domination du péché, toute exigence du péché a déjà été accomplie pour nous par Jésus. La mort et la résurrection de Jésus-Christ ont payé pour notre péché et permis à la grâce divine de couvrir tous nos péchés. Certaines personnes prennent cette idée pour une permission d'agir comme bon leur semble puisque la grâce est pour tous et pour tout péché. Paul met cependant en garde contre une telle attitude. Il souligne que lorsque nous acceptons Jésus, nous sommes baptisés dans sa mort qui crucifie aussi le pouvoir que le péché avait sur nous. Nous ne sommes plus esclaves du péché, des esclaves qui n'ont aucune possibilité de résister à la tentation. Non ! Tous ceux qui sont en Jésus-Christ sont capables *de se détourner du péché.* Aucune tentation ne sera plus jamais au-dessus de nos forces. Cela ne signifie pas que nous ne pécherons plus - Adam et Eve furent créés sans péché, ils avaient le privilège de communiquer directement avec Dieu, tous les jours et pourtant ils ont succombé à la tentation. Ceci veut plutôt dire qu'il nous est possible de *nous détourner du péché.*

Demandez-leur de lire Romains 6.8-14. Ces versets nous exhortent à mourir au péché, c'est-à-dire à ne plus lui donner un quelconque pouvoir sur nos vies. Si nous sommes physiquement morts, alors les choses de ce monde ne comptent plus pour nous. De la même manière, être mort au péché signifie que le péché ne joue plus aucun rôle dans notre vie. Nous sommes trop occupés à garder les yeux fixés sur Christ et à vivre pour lui, pour nous préoccuper de désirs coupables. Il n'y a pas de place dans notre vie pour le péché et les actions mondaines. Ceci vous semble-t-il impossible à faire ? Doutez-vous de la possibilité de mener une vie libérée du péché ? Paul déclare que si notre ancienne nature, notre nature pécheresse a été crucifiée avec Jésus sur la croix, donc, nous aussi sommes morts au péché et libres de vivre pour Jésus par la grâce (versets 12 et 14). En menant une vie sainte, nous laissons Dieu prendre le contrôle sur le péché qui nous sépare de lui.

Exercez votre foi

Paul recommande vivement aux hommes de choisir leur maître. Nous avons le choix entre le monde et Jésus Christ. Si vous pensez que vous vivez moitié pour Jésus et moitié pour le monde, alors vous vivez réellement pour le monde. Il est temps de mourir au péché et de vivre pleinement pour Jésus Christ. Prétendez-vous être un chrétien le dimanche et vivre comme vous le désirez le reste de la semaine ? Avez-vous essayé et n'êtes pas arrivé à mener une vie sainte ? Y a-t-il un péché dans votre vie que vous désirez confesser ? Décidez que cette année-ci, vous soumettrez totalement votre vie à Jésus Christ et commencerez à mener une vie rien que pour lui.

NOTES

LEÇON 13

Purifiés pour résister à la tentation

NOTES

Passages bibliques

Juges 13–15 ; Matthieu 4.1-11

Parole de vie

1 Corinthiens 10.13

Examinez votre vie

Vous est-il déjà arrivé de succomber plusieurs fois à la même tentation ? Vous trouvez-vous souvent dans des situations tentantes où il vous semble difficile de vous en sortir ? Avez-vous l'impression de constamment prendre des décisions qui vous projettent dans ces situations ? Vous est-il difficile de tourner le dos à la tentation ? Consacrez quelques minutes pour parler des fortes tentations auxquelles sont confrontés les membres de la classe et des moyens qu'ils pourraient mettre en œuvre pour s'en débarrasser.

Explorez la Parole

La tentation est différente du péché. Même Jésus avait été tenté ; donc être tenté n'est pas un péché. Il y a péché lorsque nous succombons à la tentation. L'histoire de Samson nous donne plusieurs idées sur la manière de comprendre la tentation. Samson était un enfant spécial. Avant même sa conception, Dieu avait un plan pour lui : il devait guider le peuple d'Israël. Samson était fort et puissant et sur le plan physique, nul ne l'égalait dans tout le pays. Pourtant, nous savons que sa force lui venait de Dieu et non de la longueur de ses cheveux !

Malheureusement, la force physique de Samson ne pouvait pas masquer sa faiblesse. Samson ne fit aucun effort pour contrôler ses désirs sexuels et ses envies. Il confia à son père qu'il avait vu une femme de la tribu des Philistins et qu'il voulait que son père la lui donnât pour femme (verset 14.3). Ses parents ne voulaient pas qu'il épouse une étrangère, mais Samson insista. Cependant, il tua trente hommes quand elle livra la réponse de son énigme pendant la semaine des noces. En découvrant que son beau-père avait donnée sa femme en mariage à un autre homme, il mit le feu aux champs des Philistins.

Dieu créa Samson pour être un chef fort et puissant au sein de son peuple, mais son caractère ne plut pas à Dieu. Samson agissait selon son bon vouloir et il ne tirait aucune leçon de ses expériences. Après avoir été trahi par sa femme, Samson céda aussi quelques années plus tard, à la demande de Dalila. Même après avoir dirigé Israël, avec justice et foi pendant vingt ans (Hébreux 11.32-34), Samson retomba dans la tentation et mourut prisonnier des Philistins. Juste avant de mourir, Samson pria Dieu qui lui redonna sa force. Ainsi, avant de mourir, il tua plus de Philistins qu'il n'en avait jamais tué de sa vie. Le tempérament de Samson et sa faiblesse envers les femmes étaient un problème évident dans sa vie, mais malgré cela, Dieu parvint à faire de lui un chef efficace et juste pour son peuple. Quel contraste avec le récit de la tentation de Jésus ! Satan ne cessait de le tenter, mais Jésus n'a jamais succombé, alors pour finir, le démon laissa Jésus dans le désert. Tout au long de la vie et du ministère de Jésus, Satan revenait pour le tenter mais Jésus résistait à toutes les tentations. Il nous recommande aussi de résister à toute tentation. Toutefois, nous devons tirer une leçon de l'expérience de Samson et ne pas nous laisser entraîner dans des situations tentantes.

NOTES

Exercez votre foi

Permettez aux adultes de discuter entre eux : face à la tentation, réagissez-vous plus comme Samson ou comme Jésus ? Pouvez-vous affirmer avec sincérité que Dieu a le parfait contrôle de votre vie ou y a-t-il des domaines de tentation que vous n'êtes pas prêts à lui livrer ? Essayez-vous de contrôler vos tentations avec vos propres forces ou projetez-vous de demander simplement pardon au cas où vous succombiez ? Il n'est pas possible de servir deux maîtres à la fois : vous devez choisir entre Jésus et le péché.

LEÇON 14

Purifiés pour abandonner notre vie de péchés

NOTES

Passage biblique

Jean 8.1-11

Parole de vie

Jean 8.11

Examinez votre vie

Luttez-vous toujours contre votre passé ? Continuez-vous de fréquenter les endroits inutiles où vous aviez l'habitude d'aller avant de devenir chrétien ? Allez-vous constamment à l'autel à l'église parce que vous avez échoué durant la semaine et êtes retombés dans vos habitudes coupables ? Ou bien pensez-vous que nous servons un Dieu de grâce et de miséricorde qui nous pardonnera toujours nos péchés et qu'il est donc inutile de nous inquiéter des conséquences de nos péchés ?

Explorez la Parole

Demandez à quelqu'un de lire Jean 8.1-11. Notre passage biblique annonce le récit d'une femme qui a été prise en flagrant délit d'adultère. Cette histoire est souvent utilisée pour enseigner la miséricorde de Dieu mais aussi le danger qu'il y'a à essayer de piéger Jésus ; elle nous enseigne aussi le commencement de la vie sainte, les premiers pas vers la sanctification. Nous voyons les docteurs de la loi et les pharisiens accuser une femme du péché d'adultère et selon la loi de Moïse, elle méritait la mort par lapidation. Leur intention était de piéger Jésus et de l'amener soit à transgresser la loi de Moïse soit à condamner la femme à mort. La situation semblait être sans issue.

La foule attendait et suivait les évènements avec intérêt afin de voir si Jésus choisirait la voie de la justice en autorisant la mort de la femme ou celle de la miséricorde en lui laissant la vie sauve mais en se rendant coupable d'avoir enfreint la loi de Moïse. Jésus connaissait cependant les cœurs des accusateurs et il alla puiser directement la solution au cœur de la loi. Ses paroles furent stupéfiantes. Elles véhiculaient un concept qui n'avait jamais germé dans l'esprit de ceux qui préféraient suivre la loi plutôt que d'aimer les autres. Les paroles de Jésus : 'Que celui de vous qui est sans péché jette le premier la pierre contre elle' (Verset 7) résonnèrent dans leurs oreilles et percèrent leur cœur. Il confirmait la loi, les personnes (pas seulement les femmes) qui étaient prises en flagrant délit d'adultère méritaient la lapidation, mais seule une personne sans péché avait le droit de jeter la première pierre. Aucun d'entre eux ni personne dans la foule d'ailleurs ne pouvait se tenir devant lui et dire qu'il était sans péché. Tous finirent par s'en aller.

Lorsque la foule se dispersa, Jésus demanda à la femme : 'Personne ne t'a-t-il condamnée ? Je ne te condamne pas non plus¼va et ne pèche plus'. Il n'excuse pas l'acte de la femme. Il était le seul habilité à jeter cette première pierre, mais au lieu d'un châtiment, elle avait obtenu la miséricorde, ce jour-là. Cette femme à qui la grâce, la miséricorde, l'amour et le pardon avaient été accordés, avait un nouveau départ, le don d'une vie nouvelle.

De la même manière, Jésus nous dit que nous devons aussi abandonner notre vie de péché. Certains d'entre nous ne sont pas prêts à renoncer à leur vie de péché. Nous avons rencontré Jésus-Christ. Pourtant, nous nous complaisons dans nos vieilles habitudes. Nous retournons à cette vie familière de péché. Cependant, nous ne mènerons jamais une vie sainte, une vie qui reflète Jésus, tant que nous demeurerons dans notre vie de péché. La vie sainte commence par ce premier pas qui consiste à tourner le dos à notre vie coupable, en délaissant tout ce qui nous sépare de Jésus Christ.

Exercez votre foi

Avez-vous un péché dont vous avez besoin de vous détourner ? Vous accrochez-vous à un passé que vous avez plusieurs fois demandé à Dieu de vous pardonner ? Si vous vous accrochez encore, cela veut dire que vous n'avez pas encore renoncé à votre vie de péché. Jésus veut vous pardonner tous vos péchés, quels qu'ils soient. Nous devons permettre à Dieu de purifier nos cœurs afin que nous puissions abandonner notre vie de péché et vivre pour lui.

NOTES

LEÇON 15

Purifiés pour maîtriser vos pensées

NOTES

Passages bibliques

2 Samuel 11.1-5 ; Matthieu 5.27-30

Parole de vie

Matthieu 5.29

Examinez votre vie

Posez la question : Que pensez-vous de la vie ? Lorsque vous êtes seuls ou que vous avez du temps pour méditer, quelles sont les pensées qui vous viennent à l'esprit ? Pensez-vous mal des personnes qui vous entourent ? Vos pensées sont-elles haineuses envers les membres de votre famille ? Vos pensées envers le sexe opposé sont-elles érotiques ? Les pensées érotiques ne sont pas l'apanage des hommes tout comme le commérage et les pensées blessantes ne sont pas celui des femmes. Contrôler nos pensées est un combat que mènent presque tous les hommes et peu savent comment s'en sortir avec succès, mais nous devons faire attention à nos pensées, autrement, elles contrôleront notre vie. Rappelez-vous, la maîtrise de soi est un fruit de l'Esprit, ainsi il nous aidera si nous le lui demandons.

Explorez la Parole

La Bible contient plusieurs récits de personnes qui se sont laissées dominer par leurs pensées. Samson s'était laissé dominer par ses désirs sexuels au point d'en être anéanti et d'anéantir en même temps son peuple. Notre récit d'aujourd'hui concernant le roi David montre combien sa pensée avait précipité la destruction de son royaume et de sa famille. Sa famille connut la souffrance pendant des générations parce qu'il n'a su contrôler ni ses pensées ni ses actes. Demandez à quelqu'un de lire 2 Samuel 11.2-5. Retracez l'itinéraire de David allant de la tentation au péché. Nous ignorons pourquoi David était resté au palais au lieu d'aller combattre avec son armée, mais il se leva du lit et fit une promenade dans son palais. Le palais se situait sur une élévation et ainsi il pouvait voir ce qui se passait dans les cours des maisons de Jérusalem : il vit une femme prendre son bain. Il fut fasciné par sa beauté et ses pensées s'attardèrent sur elle ; c'est ce qu'on appelle jouer avec la tentation. Il entreprit alors une démarche pour trouver son nom ; ceci s'avérait être un plan destiné à commettre un péché. Même après avoir découvert qu'elle était la femme d'un de ses fidèles soldats, il envoya quand même des émissaires royaux auprès d'elle pour la conduire au palais. C'est ce qu'on appelle être déterminé à pécher.

David permit à ses pensées de contrôler ses actes, ce qui eut pour résultat le péché. Ce péché causa la mort du mari de Bath-shéba et de celle de l'enfant que David et elle avaient conçu. Son manque de maîtrise de soi fut un mauvais exemple pour ses enfants dont plusieurs furent également anéantis parce qu'ils se laissaient consumer par leurs pensées et leurs désirs. Son fils Ammon viola sa demi-sœur Tamar. Le frère de Tamar tua Ammon pour venger sa sœur et tenta de ravir le trône de David ; mais il fut tué à la fin. Il y a beaucoup d'autres exemples dans la descendance de David.

Lisez Matthieu 5.27-30. Jésus enseigne l'importance pour quiconque de maîtriser ses pensées. En effet, il dit que si nous regardons quelqu'un et commettons l'adultère avec lui dans notre cœur, nous avons commis l'adultère avec cette personne et nous devrions arracher nos yeux et les jeter. Nous ne devons pas le prendre au mot et arracher nos yeux, mais nous devrions purifier nos esprits et refuser de nous attarder sur des pensées impures. Ce que nous gardons dans notre cœur, c'est ce que nous devenons, aussi, nous devons garder notre esprit pur et sensible au Saint-Esprit quand il nous envoie un signe d'avertissement.

Exercez votre foi

Votre esprit a-t-il besoin d'être purifié ? Regardez-vous des images, lisez-vous des magazines ou suivez-vous des spectacles qui affectent vos pensées ? Laissez-vous vos pensées vagabonder et imaginer des choses auxquelles vous n'êtes pas supposés penser ? Etes-vous mentalement fidèles à votre femme ? Demandez au Seigneur de vous aider à purifier vos pensées et à faire un effort réel cette semaine pour garder votre esprit et vos actes purs.

NOTES

LEÇON 16

Purifiés pour demeurer fidèles

NOTES

Passage biblique

Daniel 6

Parole de vie

Proverbes 9.6

Examinez votre vie

Quelles sont les habitudes que vous êtes sensés cultiver ? Avez-vous de mauvaises habitudes ? Avez-vous déjà essayé de changer ces habitudes-là ? Est-ce réellement difficile de changer une mauvaise habitude ? Pour la plupart des gens, les mauvaises habitudes sont faciles à adopter et difficiles à délaisser, tandis que les bonnes sont difficiles à adopter et faciles à abandonner. Les chrétiens devraient développer et pratiquer des habitudes de fidélité envers Dieu.

Explorez la Parole

Daniel était un jeune juif très croyant. Bien qu'il fut un esclave, en exil loin de sa terre natale, et au service du roi de Babylone, il continua de pratiquer fidèlement la loi du Seigneur. Il n'avait jamais essayé de se servir de sa situation comme prétexte et excuse pour négliger son adoration envers Dieu. Daniel était si engagé envers Dieu que même ses ennemis ne trouvaient rien à lui reprocher, ni dans sa conduite ni dans le travail qui lui était assigné auprès du roi. En effet, quand les chefs babyloniens avaient voulu confondre Daniel, ils se rendirent compte que la seule chose qu'ils pouvaient faire pour le piéger était de créer une loi qui contredisait celle de son Dieu.

Même les ennemis de Daniel se rendirent compte qu'il était digne de confiance : il n'était ni corrompu ni négligeant. Ce qu'il pratiquait dans sa vie spirituelle, il l'appliquait aussi dans sa vie de tous les jours. Il était conséquent. Notre passage biblique révèle que Daniel priait avec ferveur trois fois par jour, même quand les lois furent changées pour interdire à quiconque autre que le roi de prier pendant 30 jours Combien d'entre nous prient trois fois par jour bien que la loi de notre pays nous autorise à le faire librement ? Daniel avait une vie spirituelle saine. Ces habitudes saines permirent à Daniel d'être en accord avec Dieu : son appel, sa volonté et son plan dans sa vie et celle des

Israélites et des Babyloniens. Etes-vous autant en harmonie avec Dieu au point de pouvoir l'entendre lorsqu'il vous parle ? La plupart d'entre nous passent le plus clair de leur temps à essayer d'entendre la voix de Dieu, de trouver sa volonté pour notre vie, mais prenons-nous réellement le temps de l'écouter et de le chercher comme Daniel l'a fait ?

Les bonnes habitudes spirituelles de Daniel lui valurent d'être jeté dans la fosse aux lions parce qu'il persistait à prier l'unique vrai Dieu. Comment réagirions-nous si nous faisions face à la même situation ? Serions-nous en colère contre Dieu pour avoir permis que nous soyons arrêtés après lui avoir prouvé tant de fidélité ? Bien que les ennemis de Daniel aient poussé le roi à édicter une loi visant à l'anéantir, le roi Darius avait l'espoir que Dieu sauverait Daniel par un miracle. Le roi était tellement préoccupé par le sort de Daniel qu'il accourut tôt le lendemain matin dans la fosse aux lions pour voir si Dieu avait pu sauver Daniel des griffes des lions. La fidélité de Daniel envers Dieu finit par convaincre le roi même que le Dieu de Daniel était digne d'être adoré et de faire partie de la liste officielle des dieux babyloniens. Le roi ne se convertit pas au seul vrai Dieu, cependant il le reconnut et le respecta.

Exercez votre foi

Le roi Darius vit en Daniel un réel reflet de Dieu, car Daniel avait des habitudes divines dans tous les domaines de sa vie. Lorsque les autres nous observent, peuvent-ils dire que nous sommes différents de par nos actes et nos attitudes ? Examinez-vous avec soin et demandez-vous : en m'observant, les autres peuvent-ils voir par mes habitudes que je suis chrétien ou seraient-ils surpris en découvrant ma religion ? Suis-je fidèle à Dieu en demeurant logique dans ma dévotion, dans mon obéissance à sa Parole, dans la manière dont je traite ma famille, mes amis et mes collègues ?

NOTES

LEÇON 17

Purifiés pour abandonner la cupidité

NOTES

Passages bibliques

Matthieu 26.14-16, 27.1-10

Parole de vie

Proverbes 1.19

Examinez votre vie

Donnez-vous librement de votre argent à ceux qui sont dans le besoin ? Vous acquittez-vous de votre dîme dans votre église ? En travaillant et en gagnant de l'argent, nourrissez-vous le rêve et l'espoir qu'un jour vous acquériez beaucoup de biens matériels ? Vous dites-vous souvent : 'si seulement j'avais telle ou telle chose, je serais heureux !' ? Lorsque les autres vous regardent, souhaitez-vous qu'ils s'imaginent que vous avez beaucoup d'argent ? Y a-t-il une personne dans votre communauté que vous savez 'riche' et à qui vous voudriez ressembler ? Les riches seuls sont-ils cupides ? L'argent et la passion de l'argent sont des instruments puissants que le diable utilise pour nous séparer de Dieu.

Explorez la Parole

Etre purifié par le Saint-Esprit signifie que notre attention reste toujours centrée sur Jésus Christ. Cependant, le Saint-Esprit n'enlève pas miraculeusement nos désirs et tentations humains. Nous devons prendre garde à ne pas tomber dans le piège de la cupidité. Il y a plusieurs passages des Ecritures qui nous mettent en garde contre la recherche effrénée de l'argent. Nous savons que l'amour de l'argent est la source de tous les maux (1 Timothée 6.10) et nous savons aussi que nous ne pouvons pas servir Dieu et l'argent en même temps (Matthieu 6.24). Certains d'entre nous pensent peut-être que nous sommes trop pauvres pour être cupides, mais ce ne sont pas les biens qui définissent la cupidité mais le fait de les désirer. Ce ne sont pas tous les hommes qui admettent leur cupidité ou reconnaissent leur quête démesurée de l'argent. Néanmoins, si nous devenons obsédés par le peu que nous avons, par ce que les autres ont ou par comment gagner plus d'argent, alors la cupidité est en rain d'envahir notre cœur.

NOTES

Dans notre passage biblique d'aujourd'hui, nous voyons un homme qui était tellement consumé par ses désirs, déceptions ou ambitions qu'il sacrifia la vie d'un autre homme, un être humain, pour seulement 30 pièces d'argent, le prix d'un esclave. La Bible ne dit pas spécifiquement que Judas était cupide, déçu, en colère ou blessé. Ce qui est certain, c'est que nous ignorons pourquoi il a trahi Jésus. Nous savons seulement qu'il désirait quelque chose en retour (Matthieu 26.15). Judas a démontré que sa loyauté pouvait être achetée, prouvant ainsi qu'il avait fait de quelque chose d'autre son dieu. Quelque chose d'autre avait pris la place de Jésus dans le cœur de Judas et était devenu son dieu.

Combien d'entre nous pensent que nous ne pouvons pas être accusés d'aimer l'argent ou d'être cupides parce que nous avons si peu ? Toutefois, être obsédé par ce que vous ne possédez pas est source de rancœur ou d'avidité. Cependant, la cupidité est un instrument dont se sert le diable pour diviser les chrétiens. Il s'en sert pour nous diviser en classes de riches et de pauvres, créer la jalousie parmi les croyants et même amener les uns à accuser les autres de ne pas être généreux. Vous pouvez penser que vous n'êtes pas cupides parce que vous n'avez pas d'argent ou de biens, mais êtes-vous jaloux de ceux qui en ont ? Regardez autour de vous, dans votre communauté, ceux qui sont riches et ceux qui sont pauvres. Ne laissez pas la jalousie et la cupidité être des barrières entre vous et les autres, spécialement les enfants de Dieu.

Exercez votre foi

Cette semaine, repérez dans votre communauté quelqu'un de moins nanti que vous. Trouvez un moyen de lui venir en aide, en lui offrant des vêtements, de la nourriture ou votre amitié. La prochaine fois, vous essayerez de repérer quelqu'un de plus nanti que vous. Faites sa connaissance et essayez de vous lier d'amitié avec lui. Bien qu'il soit nanti, il pourrait éventuellement avoir un besoin. Il a peut-être un besoin spirituel pour lequel vous pouvez prier ensemble ou alors a-t-il juste besoin d'être écouté, aimé pour ce qu'il est plutôt que pour ce qu'il a.

LEÇON 18

Purifiés pour pardonner et oublier

NOTES

Passages bibliques

Genèse 42, 45.3-7

Parole de vie

Jacques 5.9

Examinez votre vie

Gardez-vous les choses blessantes qu'on vous a dites dans le passé ? Etes-vous encore en colère contre quelqu'un qui vous avait fait du tort, il y a des années ? Y a-t-il un membre de votre famille contre lequel vous êtes fâché et à qui vous n'avez pas parlé depuis longtemps ? Quand quelqu'un vous fait ou vous dit du mal ou alors vous blesse, pouvez-vous lui pardonner et oublier le mal qu'il vous a fait ? Garder rancune est une mauvaise chose. En tant que chrétiens grandissant dans la foi, nous ne devons pas garder la colère ou le ressentiment contre les autres, qu'ils soient chrétiens ou pas et même qu'ils nous demandent pardon ou pas.

Explorez la Parole

S'il y a quelqu'un qui pouvait refuser de pardonner à sa famille et à juste raison, c'est bien Joseph. Ses frères l'avaient battu et vendu comme esclave et étaient même allés jusqu'à raconter à leur père qu'il avait été dévoré par un animal. Après avoir été affranchi, Joseph reprit une vie assez normale, car il fut vendu à Potiphar, un propriétaire terrien très riche, qui le nomma intendant de ses terres. La femme de Potiphar tenta cependant de séduire Joseph. Lorsqu'il rejeta ses avances sexuelles, elle mentit à son mari et Joseph fut jeté en prison où il resta des années.

Même si ses frères l'avaient vendu dans l'espoir de ne plus le revoir, allant peut-être jusqu'à souhaiter sa mort, Dieu changea leur plan malveillant en quelque chose de bien. Une nation fut créée à travers ces hommes et le plan de Dieu s'accomplissait. Nous ignorons si Joseph menait un combat contre le pardon à la vue de ses frères faisant la queue en Egypte pour acheter des vivres, après tout ce qu'ils lui avaient fait subir. Pendant un certain temps, Joseph donna l'impression de vouloir se venger de ses frères. Il les laissa aller et venir

NOTES

plusieurs fois, loin de leur père, bien qu'il leur donnât des vivres et leur rendît même leur argent. Toutefois, nous voyons que Joseph ne leur avait pas gardé rancune, même s'il leur avait fait revenir en Egypte encore une fois. Le pardon ne fut pas facile, mais Dieu travaillait de manière évidente dans la vie de Joseph, façonnant son caractère selon sa volonté.

Combien d'entre nous sont capables de pardonner et d'oublier ? Sans doute, certains d'entre nous nourrissent du ressentiment envers nos gouvernements, nos familles ou nos voisins qui ne partagent pas notre culture ou notre religion. Il n'est pas facile de pardonner aux autres, mais cela est nécessaire pour notre croissance spirituelle. L'amour de Dieu ne peut pas se développer là où existent la colère et la haine. Nous pouvons tirer une leçon de cette histoire de Joseph. Il fut vendu comme esclave par ses frères, accusé de viol et jeté en prison et pourtant, il n'a haï ni le Dieu de ses pères ni ses frères. En Genèse 45.5-7, Joseph leur dit d'être indulgents avec eux-mêmes car Dieu l'avait mis-là pour gouverner, dans le but de sauver des vies pendant la famine. Joseph avait compris que même si la vie ne se passe pas comme il le souhaitait, Dieu change le mal en bien. Il est possible que les autres tentent de nous détruire, mais si nous sommes disposés à leur pardonner et à laisser Dieu agir par nous selon son plan, de grandes choses s'accompliront.

Exercez votre foi

Y a-t-il une personne, dans votre vie, à qui vous n'êtes pas prêts à pardonner ? Il est temps de pardonner à cette personne et de prendre conscience du plan que Dieu a pour votre vie. Nous ne pouvons pas aimer Dieu, que nous ne voyons pas, et nous sentir incapables d'aimer les hommes que nous voyons. C'est impossible ! Si vous voulez avoir une relation grandissante et rayonnante avec Christ, vous devez apprendre à pardonner à ceux qui vous ont fait du tort et oublier leur 'offense' afin de pouvoir continuer à grandir dans votre vie chrétienne.

LEÇON 19

Purifiés pour vivre comme Jésus

NOTES

Passage biblique

Éphésiens 5.1-21

Parole de vie

Éphésiens 5.1-2

Examinez votre vie

Avez-vous déjà entendu dire : 'Qu'aurait fait Jésus ?' Qu'est-ce que cela signifie pour vous ? Lorsque vous faites face à une situation difficile, vous demandez-vous vraiment ce que ferait Jésus à votre place ? Laissez-vous cette pensée guider vos paroles, vos actes et votre conduite ? Menons-nous véritablement notre vie comme Jésus l'aurait fait s'il était dans les mêmes situations ou nous contentons-nous de mener une vie plutôt acceptable pour un chrétien ? Sommes-nous une version légèrement améliorée de ce qu'offre le monde ou sommes-nous différents, en réalité ? Notre vie se distingue-t-elle suffisamment de celle de notre entourage à telle enseigne que les autres nous demandent ce que nous avons et qu'ils n'ont pas ?

Explorez la Parole

Demandez à quelqu'un de lire Ephésiens 5.1-8. Ce passage biblique trace quelques lignes de conduite spécifiques sur la manière dont nous devrions vivre en tant que chrétiens et le comportement qui sied à une vie chrétienne. Paul a été très clair dans son exposé sur la vie du chrétien. Il savait qu'il y'avait des fruits que tout croyant devrait porter (le fruit de l'Esprit), de même que les comportements à adopter, la personnalité à cultiver et même le genre de conversation à tenir. Paul enseignait que les chrétiens ne doivent pas se limiter à affirmer leur différence, mais qu'ils devraient réellement *être* différents. Divisez la classe en deux groupes. L'un examinera les passages bibliques pour établir la liste de ce que tout chrétien a l'obligation de faire ou d'être et proposera par la suite des solutions pour montrer à la classe comment mettre en pratique ces caractéristiques. L'autre groupe établira la liste de tout ce qu'un chrétien ne devrait pas pratiquer, selon Paul, puis fera des suggestions sur le type d'aide que les membres de la classe pourraient s'apporter mutuellement afin d'éviter que de telles choses ne se reproduisent.

Paul commence par dire que nous devrions être des imitateurs de Dieu (5.1). De la même manière que notre ombre reflète nos mouvements ainsi nous devons refléter Jésus-Christ. Jésus certifie qu'il ne fait que ce qu'il voit son Père faire (voir Jean 5.19) ; aussi, devons-nous faire ce que Jésus aurait fait. Paul poursuit ses déclarations, disant que nous devrions vivre en aimant les autres, simplement comme Jésus Christ nous a aimés (5.2). Si nous n'avons pas l'amour, nous ne sommes rien. Notre vie et nos conversations doivent reposer sur l'action de grâce. Paul énumère les choses qu'il est absolument incorrect de faire en tant que saint peuple de Dieu. Il ne devrait même pas exister une trace ou un soupçon de ces choses dans la vie des 'imitateurs de Dieu' telles que : l'immoralité sexuelle, l'impureté, la cupidité, l'obscénité, les conversations insensées, les plaisanteries grossières, l'idolâtrie.

Paul déclare avec force que les personnes dont ces caractéristiques font partie de leur vie ne peuvent pas entrer dans le royaume de Dieu. Il nous rappelle que nous avons été tirés des ténèbres et amenés à la lumière et devons vivre comme des enfants de lumière (verset 8). Pour certains d'entre nous, ceci requiert un changement de vie radical, mais si nous voulons mener une vie sainte et semblable à celle de Jésus Christ, nous devons suivre les instructions que nous donne Paul dans ce passage.

Exercez votre foi

Nous fêtons aujourd'hui la Pentecôte, célébration de l'effusion du Saint-Esprit sur l'église. Le Saint-Esprit est le seul qui nous rend capables de mener une vie sainte. Nous avons examiné durant ces huit semaines, depuis Pâques, des aspects variés de la vie pure. Que chacun fasse sa propre évaluation et dresse une liste en guise de rappel des moyens servant à tester leur façon de vivre et leurs comportements. Encouragez chacun à se poser les questions suivantes : Suis-je en train de chercher la face de Jésus-Christ pour faire sa volonté et mener une vie qui lui soit agréable ? Suis-je entrain d'éviter les conduites immorales et impures ? Demandez au Seigneur de purifier continuellement votre vie et votre cœur.

NOTES

LEÇON 20

Atteindre les autres

NOTES

Passages bibliques

Romains 12.7-11 ; 1 Corinthiens 12.8-11 ; Éphésiens 4.10-13

Parole de vie

Matthieu 20.26-27

Examinez votre vie

Aidez-vous les nécessiteux qui sont dans votre communauté ou dans le monde à cœur joie ? Aimez-vous recevoir des visites chez vous ? Dans la prière, êtes-vous un guerrier ayant la ferme conviction que Dieu répondra à ses prières ? Des personnes de votre communauté ou de votre cercle d'amis viennent-ils vous confier leurs problèmes, dans l'espoir que vous leur proposiez une solution sage ? Le Saint-Esprit a donné beaucoup de dons qui peuvent être directement utilisés pour servir d'autres personnes par l'évangélisation.

Explorez la Parole

Comme chaque croyant est appelé à être en service pour grandir spirituellement, l'église doit avoir des membres efficaces qui puissent la servir si elle veut fonctionner comme une partie du corps de Christ. Le Saint-Esprit donne à chacun au moins un don pour le service. Il est également possible que le Saint-Esprit accorde, à court terme, un don à un croyant, quand le besoin se fait sentir, pour accomplir une tâche spécifique ou un ministère. Par exemple, quand une nouvelle église n'a pas suffisamment de moniteurs d'écoles du dimanche, le Saint-Esprit accorde à quelqu'un l'aptitude à enseigner efficacement l'école du dimanche même s'il ne possède pas ce don.

Donnez cet exemple : tous les dons spirituels sont accordés pour édifier l'église, équiper les croyants pour le service et rapprocher les hommes de Dieu. Etant donné que chaque croyant a au moins un don spirituel, chaque croyant a aussi au moins un domaine d'intervention. Par exemple, supposons que votre église veuille offrir un repas à des pensionnaires qui attendent leur allocation mensuelle. Ceci pourrait être considéré comme un service d'évangélisation ou un ministère de compassion et vous aurez des personnes ayant les dons de contribution aux besoins des autres (pour procurer la nourriture ou l'argent pour acheter la nourriture), de service (préparer et distribuer la nourriture), d'encouragement (motiver les ouvriers et les pensionnaires), administration (organiser les ouvriers et s'assurer que chacun et tout est prêt à temps) etc.

Divisez la classe en trois groupes et assignez à chacun les passages suivants: Romains 12.7-11, 1 Corinthiens 12.8-11, Éphésiens 4.10-13. Que chaque groupe cite les dons mentionnés dans le passage donné. Ensuite, divisez ces groupes en différents domaines de ministère (exemples : leadership, évangélisation, formation de disciples, équipement, service, intercession, encouragement, etc.) Qu'ils choisissent ensuite un personnage biblique, ou un membre de l'église qui leur semble être un bel exemple dans ce ministère (ex.: Abraham comme intercesseur, quand il priait pour Lot et sa famille à Sodome ; Paul en équipant Timothée et d'autres jeunes pasteurs ; Marthe pour servir d'autres par l'hospitalité; etc.) Chaque groupe présentera son modèle et vous verrez si les autres groupes pourront deviner quels 'types de dons' ces personnes représentent.

Exercez votre foi

Il est très important pour les membres du corps de Christ, d'exercer régulièrement leurs dons spirituels. Si quelqu'un néglige son don pour servir, il n'accomplit pas sa mission qui est de tendre la main à ses frères et sœurs dans le besoin. Pendant la semaine, trouvez un moyen de toucher quelqu'un qui est dans le besoin, ou priez et jeûnez pour une intention ou un besoin spécial.

NOTES

LEÇON 21

Être équipés pour le service

NOTES

Passages bibliques

1 Timothée 4.12-16, 6.20-21

Parole de vie

1 Timothée 4.16

Examinez votre vie

Posez la question de savoir si les croyants dotés du don d'évangélisation sont les seuls habilités à témoigner devant les non croyants ? Pouvons-nous toujours prier pour les personnes malades même si nous n'avons pas le don de guérison ? Discutez : les dons spirituels ne sont pas des obstacles qui nous séparent du service mais des ponts pour nous aider à accomplir un service efficace. Parfois, le plus difficile est de découvrir et de développer ces dons.

Explorez la Parole

Question : quelle différence y a-t-il entre un don spirituel et une responsabilité chrétienne ? (Un don spirituel permet au croyant d'être particulièrement efficace dans un rôle ou une responsabilité. Par exemple, tous les croyants sont supposés prier, mais certains d'entre eux sont des intercesseurs efficaces grâce à leurs dons spirituels. Le devoir de tout croyant est de témoigner, mais certains sont très efficaces quand il s'agit d'amener les non-croyants à Christ.) Quelle différence y a-t-il entre un talent naturel et un don spirituel ? (N'importe qui peut avoir un talent tel que pouvoir créer un genre musical particulier ; même les non croyants peuvent l'avoir. Toutefois, seuls les croyants sont dotés de dons spirituels et ceux-ci servent toujours à l'utilité commune en vue d'édifier l'église. Un talent peut être combiné à des dons spirituels, comme un talent pour la musique et un don d'encouragement, ainsi un certain chant peut servir à encourager les membres. Le don d'évangélisation combiné à un talent pour le théâtre peut amener les hommes à Jésus Christ.)

Alors que Dieu accorde les dons, puisqu'il sait ce qui est le mieux pour le bon fonctionnement de son royaume, nous avons la possibilité de collaborer avec le Saint-Esprit dans la découverte, le développement et l'exercice de nos dons spirituels. En cherchant à connaître la volonté du Seigneur et la tâche pour laquelle nous sommes équipés, nous pouvons considérer les services que nous aimons faire et les choses qui semblent être en accord avec nos aptitudes naturelles.

Voici quelques idées qui pourraient nous aider à reconnaître les dons spirituels que nous avons reçus : tout d'abord, *ouvrez-vous entièrement à Dieu* pour être un canal qu'il utilisera. *Examinez* votre intérêt pour le service et le ministère chrétiens. *Identifiez* les réels besoins de la vie de l'église. Ensuite, *Exercez* dans un domaine du ministère pendant un certain temps (cela peut prendre six mois à un an pour apprendre à être suffisamment efficace). *Evaluez* les résultats des efforts fournis dans le service et le ministère. *Demeurez* à l'écoute du Saint-Esprit pendant qu'il vous guide. Enfin, *restez ouverts* aux réactions d'autres chrétiens. Dieu confirmera vos domaines de ministère par son corps.

Découvrir un don est une chose, mais le développer de sorte qu'il puisse être utile aux autres croyants en est une autre. La découverte et la reconnaissance des dons spirituels ne signifient pas que la personne ne doit fournir aucun effort pour les développer. Lisez le message de Paul à Timothée au sujet de ses dons spirituels. Il est essentiel d'étudier la Bible et de cultiver, nourrir et stimuler un don pour optimiser son usage. En définitive, avoir un don signifie savoir l'utiliser pleinement et à bon escient. La constance dans la pratique de ces dons développe votre utilité pour les autres. Un chrétien qui utilise son don pour glorifier Dieu, encourage un autre à en faire autant. Il est également possible, qu'en exerçant fidèlement son don, le Saint-Esprit lui en accorde un autre (voir l'histoire de Philippe en Actes 8).

Exercez votre foi

Il est important que nous saisissions les opportunités de développer nos dons et talents. Cependant, l'usage de nos dons n'est pas exclusivement limité à l'église. Nous devons les utiliser pour exercer un ministère parmi ceux qui sont à l'extérieur. Priez pour votre ministère cette semaine, afin que Dieu vous montre sa volonté pour l'expansion de son royaume.

NOTES

LEÇON 22

Dieu pourvoit pendant la famine

NOTES

Passage biblique

1 Rois 17

Parole de vie

1 Rois 17.6

Examinez votre vie

A quels signes reconnaît-on une sécheresse imminente ? Que pourrait-on faire pour arrêter une sécheresse menaçante avant qu'elle ne survienne ? A quoi pourrait bien ressembler une 'sécheresse spirituelle' ? Avez-vous déjà vécu des situations faces auxquelles vous aviez l'impression que Dieu n'était pas présent ? Cela pourrait être assimilé à une sécheresse spirituelle. Les Israéliens accusaient souvent Dieu de les avoir oubliés, mais en réalité, c'étaient eux qui avaient oublié Dieu.

Explorez la Parole

Le prophète Elie avait prédit une sécheresse dans le pays d'Israël à cause de la méchanceté du roi Achab. Malgré les souffrances de son peuple, il ne se repentit pas. Après avoir révélé sa prophétie au roi Achab, Dieu envoya Elie vers un ravin où le roi ne pourrait pas le retrouver. A cet endroit, il y avait un ruisseau où il pouvait boire et l'Eternel envoyait chaque jour des corbeaux avec de la viande et du pain pour Elie. Puisque la sécheresse se prolongeait, la réserve d'eau d'Elie s'épuisa et l'Eternel lui donna l'instruction de se rendre chez une veuve à Sarepta de Sidon, un pays situé hors d'Israël.

Quand Elie rencontra la veuve, il lui demanda de l'eau et du pain. Mais la femme lui répondit : 'Par ton Dieu, le Seigneur vivant, je le jure, je n'ai plus de pain...Je suis venue ramasser deux morceaux de bois, puis je vais rentrer à la maison et préparer ce qui reste pour mon fils et pour moi, nous mangerons, ensuite nous mourrons' (verset 12). Cette veuve reconnaissait Elie comme un homme de Dieu et elle connaissait même ce Dieu qu'Elie servait, mais elle n'avait jamais pensé que le Dieu d'Elie prendrait soin d'elle ou passerait par elle pour nourrir son prophète. Dans une situation donnée, vous est-il arrivé de perdre espoir sans penser que Dieu pourrait intervenir en votre faveur ?

Elie, voyant la détresse de la femme, lui dit ce que Dieu avait promis de faire (verset 14). Elle suivit les instructions d'Elie et le Seigneur fournit de l'huile et de la farine, de sorte qu'Elie, la veuve et son fils eurent à manger tout le temps que dura la sécheresse.

Pendant que le Seigneur leur procurait de la nourriture pendant la sécheresse, l'unique fils de la veuve devint si malade qu'il mourut. La veuve était inconsolable. Elle suppliait Elie de faire quelque chose : 'Qu'y a-t-il entre toi et moi, homme de Dieu ? Es-tu venu chez moi pour rappeler le souvenir de mon iniquité à Dieu et pour faire mourir mon fils ?' (Verset 18). Elle craignait que la mort du garçon ne soit un châtiment contre elle pour ses propres péchés. Néanmoins, Elie porta le corps de l'enfant dans la chambre en haut de la maison et pria Dieu de lui rendre la vie. Le Seigneur entendit la prière d'Elie et rendit le souffle à l'enfant.

Cette veuve était vraiment bénie de Dieu. Non seulement il lui avait donné de quoi se nourrir pendant toute la sécheresse, mais il avait redonné la vie à son fils. Qu'attendions-nous d'autre d'elle sinon la foi ? Elle savait qu'Elie était un véritable et fidèle prophète de Dieu. Habituellement, Dieu n'opère pas de tels miracles dans notre vie de tous les jours. Même pendant le ministère d'Elie, beaucoup de familles n'avaient pas de quoi manger et d'autres mourraient également. Cependant, Dieu passait par les événements de Sidon pour fortifier la foi d'Elie avant la grande confrontation avec le roi Achab et les prophètes de Baal.

Exercez votre foi

Nous devons faire attention à ne pas dire à Dieu ce qu'il peut faire pour nous avant d'être sûrs de notre foi. Présentez-lui vos besoins et ayez confiance en lui pour guider vos pas. Dressez une liste de toutes les choses que Dieu a faites pour vous ou de toutes les attentions qu'il a eues à votre égard. N'oubliez pas de le remercier pour avoir pris soin de vous.

NOTES

LEÇON 23

La foi au milieu de la persécution

NOTES

Passages bibliques

1 Rois 18.1-6, 16-46

Parole de vie

1 Rois 18.37

Examinez votre vie

Discutez de certaines pratiques culturelles qui sont courantes chez les non croyants, dans votre entourage, mais que les chrétiens doivent éviter. Y a-t-il des chrétiens qui sont persécutés pour avoir délaissé ces pratiques culturelles ? Permettez à quelques volontaires de partager leurs expériences sur la façon dont ils ont été rejetés et persécutés par leur famille et les voisins à cause de leur foi chrétienne. Citez quelques-unes des pratiques qui poussent les hommes à lutter contre toute conversion au christianisme.

Explorez la Parole

Au temps d'Elie, le peuple d'Israël voulait à la fois adorer son Dieu, adopter les pratiques païennes et pratiquer le culte des idoles de leurs voisins. Dieu l'avait pourtant strictement interdit à son peuple. Ils devaient exclusivement l'adorer et le servir, ce qui voulait dire qu'ils ne devaient pas adopter les traditions païennes des autres peuples ou des autres religions. Les Ecritures nous disent que le roi Achab était plus méchant que tous ses prédécesseurs (1 Rois 16.30). Il était Israélite mais avait épousé une étrangère qui les encourageait, lui et son peuple, à adorer ses faux dieux. La reine Jézabel commença par assassiner les prophètes du Seigneur, pour que personne ne puisse parler contre elle ou son mari.

Même si la plupart des Israélites suivaient la religion de Jézabel, il y avait encore en Israël, des personnes pieuses qui servaient Dieu en dépit du danger de la persécution. Même dans le palais de Achab, des personnes étaient restées fidèles à Dieu. Abdias, un fervent croyant, était le gardien du palais. Le roi Achab ignorait qu'Abdias cachait une centaine de prophètes dans ses caves et leur donnait à manger et à boire. Alors qu'Abdias était sorti pour chercher de l'eau pour les animaux du roi, il rencontra Elie qui l'envoya dire à Achab que le prophète était de retour en Israël. Abdias craignait pour sa vie et Elie accepta de partir avant que Achab ne revienne, en échange de la promesse d'Abdias d'aller trouver le roi.

Quand Achab arriva, il accusa Elie d'être 'le perturbateur d'Israël' (18.17). Achab refusa de prendre la responsabilité du jugement divin prononcé contre Israël, puis Elie proposa un défi pour une 'bataille des dieux'. Il déclara qu'il était impossible qu'il y ait deux dieux, alors ou c'était Baal ou c'était l'Eternel, et on allait savoir qui était le vrai Dieu. Elie espérait que les Israélites se repentiraient et retourneraient à l'Eternel Dieu. Les prophètes de Baal reçurent la première opportunité, ils chantèrent et dansèrent toute la journée tandis qu'Elie les narguait, mais Baal ne répondit pas. Quand la nuit vint, Elie prépara son sacrifice pour l'Eternel et fit une simple prière. Le feu descendit du ciel et brûla non seulement le sacrifice d'Elie, l'eau et l'autel lui-même. Tous tombèrent front contre terre et s'écrièrent : "l'ÉTERNEL est Dieu !"

Après que les faux prophètes de Baal furent tués, Elie commença à prier pour qu'il pleuve. Six fois de suite, Elie pria et envoya son serviteur observer s'il y avait des nuages, mais le ciel restait clair. Cependant, à la septième prière, le serviteur rapporta : 'Voici un petit nuage qui s'élève de la mer et qui est comme la paume de la main d'un homme'. Dieu avait tenu toutes les promesses faites à travers Elie, mais le peuple sera t-il fidèle ?

Exercez votre foi

Avons-nous la même foi qu'avait Elie ? Osons-nous nous dresser contre ceux qui nous persécutent, tout en sachant que nous risquons notre vie ? Interrogeons-nous Dieu quant aux évènements dans notre vie ? Nous servons un Dieu Tout-Puissant. Il est temps de nous abandonner à Dieu, en lui donnant le contrôle absolu de notre vie.

NOTES

LEÇON 24

Dieu est prévoyant

NOTES

Passage biblique

1 Rois 19.1-21

Parole de vie

1 Rois 19.15-18

Examinez votre vie

Vous est-il déjà arrivé de vous inquiéter de ce qui arriverait à votre famille si vous tombiez soudain malade ou que vous mourriez ? Avez-vous des inquiétudes quant aux choses qui ne sont pas sous votre contrôle ? Vous vous faites peut-être du souci quant aux décisions que prendront vos enfants concernant leur avenir ! Croyez-vous que Dieu contrôle votre avenir ?

Explorez la Parole

Elie venait juste de remporter le défi contre les prophètes de Baal. Les pluies avaient recommencé à tomber et même le roi Achab s'était temporairement repenti. Cependant, Achab fit part de la nouvelle à sa méchante femme Jézabel mais elle ne partagea pas ses sentiments. Elle envoya un message de menace à Elie. Désespéré, Elie s'enfuit. Il se réfugia à Horeb, la montagne de Dieu, pour se confier à lui. Rien ne semblait aller normalement. Même s'il venait de remporter une grande victoire pour le Seigneur, les évènements n'évoluaient pas comme il le souhaitait. Il avait l'impression qu'il était le seul homme de Dieu qui restait dans tout Israël et sa vie était en danger aussi. Il n'avait pas oublié combien le Seigneur avait pris soin de lui pendant la sécheresse et durant l'épreuve des prophètes de Baal, mais il était émotionnellement épuisé au point de sentir qu'il ne pouvait pas relever le prochain défi. Même s'il disait vouloir mourir, il ne souhaitait certainement pas mourir de la main des hommes de Jézabel et lui donner la victoire.

Une fois de plus, nous voyons Dieu prendre soin d'Elie. Il lui donna à manger, à boire et écouta ses plaintes. Elie ne comprenait sans doute pas le plan de Dieu, mais lui comprenait Elie. Elie n'arrêtait pas de se plaindre au Seigneur et Dieu l'écoutait. Au lieu de répondre à chaque requête de Elie, Dieu répondait en satisfaisant le réel besoin d'Elie : un regard vers Dieu lui-

NOTES

même. Elie n'avait plus le regard fixé sur Dieu mais plutôt sur les hommes et les évènements autour de lui. D'abord, Dieu présenta des signes de puissance et de destruction : un vent puissant, un tremblement de terre et un feu. Dieu n'était cependant dans aucun de ces signes. Quand il entendit le doux murmure de la voix de Dieu, l'esprit et la foi d'Elie furent restaurés.

Ce fut à ce moment là seulement que Dieu répondit aux plaintes d'Elie. Il lui donna des instructions sur la manière dont il devait préparer Israël à ce qui allait venir. Il lui désigna les chefs politiques à oindre et lui donna alors le nom de celui qu'il allait guider pour le remplacer comme prophète, Elisée. Puis, Dieu encouragea Elie en lui parlant de 7000 personnes en Israël qui n'ont jamais adoré Baal. La situation n'était pas aussi désespérante qu'Elie le pensait. L'avenir n'était pas une surprise pour Dieu. Il savait d'avance tout ce qui arriverait.

Exercez votre foi

Vous êtes-vous déjà senti comme Elie, c'est-à-dire avoir l'impression d'être seul à véritablement être engagé envers Dieu et que tous vos efforts pour le Seigneur allaient être vains ? Après la manifestation de la puissance de Dieu, c'est comme si Elie voulait que l'Eternel extermine ses ennemis dans le vent, le tremblement de terre ou le feu. Avez-vous déjà vécu une situation face à laquelle vous souhaitiez que Dieu manifeste sa puissance contre vos ennemis ? Nous devons éviter de dicter à Dieu comment il doit agir. Vous est-il déjà arrivé de douter de l'habileté de Dieu, de son désir, de sa sagesse à achever un travail ou à mener à bien un projet (ou un plan) ? Nous avons tous, à un moment donné, connu le doute, comme Elie. Il est difficile d'être confiant quand tous les signes extérieurs semblent négatifs. Toutefois, sachant que Dieu sait tout d'avance, si vous avez un conflit (intérieur), déchargez-vous sur lui. Il peut le résoudre mieux que vous ne pourriez jamais le faire !

Thème : La foi d'Elie

LEÇON 25

L'injustice sera vaincue !

NOTES

Passage biblique

1 Rois 21

Parole de vie

Zacharie 7.9-10

Examinez votre vie

Demandez à des volontaires de définir le terme 'justice'. Ensuite, discutez du sens du mot 'injustice'. Proposez aux volontaires de partager quelques-unes de leurs expériences au cours desquelles ils ont été victimes d'une injustice. Associez à ces exemples la perte injuste d'un emploi ou le fait d'être accusé d'un acte que vous n'avez pas commis. A votre avis, est-il déjà arrivé que des personnalités s'approprient de force les terres ou les biens des gens pauvres dans votre entourage ? (Veillez à ce que cette discussion ne retarde pas la session. Laissez s'écouler quelques minutes avant de commencer l'étude de la section 'explorez la Parole'.) Parlez de ce que nous ressentons lorsque nous-mêmes ou une autre personne que nous connaissons sommes victimes d'une injustice.

Explorez la Parole

Naboth vivait à Jizrel. Le champ familial était une vigne plantée à côté du palais du roi Achab. La loi de Dieu avait décrété que tout le pays appartenait à Dieu mais il serait distribué équitablement entre les habitants (le peuple) qui travaillaient comme intendants des terres. Le roi Achab proposa d'acheter la terre de Nabot à un prix honnête, mais Nabot refusa de vendre l'héritage reçu de ses pères (verset 3). Achab entra dans une si grande colère qu'il retourna chez lui et se coucha dans son lit, furieux, refusant de manger. Quand sa femme Jézabel découvrit l'objet de sa colère, elle lui dit de se lever et de manger et qu'elle s'occupera de tout. La reine Jézabel écrivit au nom du roi des lettres qu'elle envoya aux autorités de la ville où habitait Nabot pour leur dicter sa volonté. Ces derniers complotèrent avec elle et produisirent de faux témoins qui affirmèrent que Nabot trahissait le roi. Nabot fut lapidé sur-le-champ selon la loi de l'Eternel. Quand Achab apprit la mort de Nabot, il alla prendre possession de la vigne.

Nous sommes scandalisés par ce récit ! Comment Dieu peut-il permettre de telles choses ? Dieu ne fait pas de vils complots contre nous. Il désire voir ses enfants grandir et prospérer mais du fait que nous vivons dans un monde dominé par le mal, où les hommes agissent en toute liberté, des malheurs s'abattent sur les justes. Ceci ne signifie pas que Dieu soutient l'injustice ou qu'il est indifférent face à la méchanceté mais plutôt qu'il permet aux hommes d'exercer leur libre arbitre, que ce soit du bon comme du mauvais côté. Toutefois, tous connaîtront un jour son jugement et sa justice.

Dieu avait vu ce qu'Achab et Jézabel avaient fait subir à Nabot. Il envoya Elie dire au roi Achab qu'il n'était pas content de ce qui était arrivé. Lorsque Elie arriva chez Achab, celui-ci n'était pas très surpris de le voir car il lui dit : 'Ainsi, tu m'as retrouvé, mon ennemi !' Il est intéressant de noter comment Achab rejette la responsabilité des châtiments divins sur Elie ; mais, cette fois-ci, quand Elie annonça au roi le jugement que Dieu allait lui envoyer, Achab se repentit sincèrement et s'humilia devant Dieu. Dieu modifia son jugement sur la maison d'Achab afin qu'il n'eut pas lieu pendant qu'il était en vie, bien qu'il fût bien tué comme Dieu l'avait prédit par Elie (voir 1 Rois 22.34-38).

Exercez votre foi

Combien de fois avez-vous vu des gens faire le mal et s'en tirer à bon compte ? Cela provoque t-il votre colère ? Que pensez-vous du changement de jugement que Dieu a opéré sur la maison de Achab. Cela vous paraît-il juste ou est-ce un signe de la miséricorde de Dieu ? Même si tous verront la justice de Dieu, la grâce est aussi pour celui qui se repent sincèrement. Comme le déclare notre 'Parole de vie', nous devons chercher, cette semaine, des occasions de montrer la justice, la miséricorde et la compassion à ceux qui nous entourent.

NOTES

LEÇON 26

Dieu est à l'œuvre

NOTES

Passage biblique

2 Rois 2

Parole de vie

Psaume 19.9

Examinez votre vie

Demandez aux adultes de se souvenir des personnes qui les ont fortement influencés en bien ou en mal ; il peut s'agir de personnes qu'ils connaissent personnellement ou de personnes qu'ils connaissent simplement de vue (personnages politiques, auteurs, héros dans le domaine du sport, etc.) Qu'en est-il de ces personnes influentes ? Demandez-leur de faire une liste des caractéristiques que possèdent ou que sont supposés posséder ces personnages influents. Y a-t-il des qualités qu'un responsable chrétien est supposé avoir alors que d'autres responsables n'en n'ont pas besoin ?

Explorez la Parole

Nous avons étudié Elie et examiné sa vie ces dernières semaines. Aujourd'hui, nous découvrirons comment Elie se prépare au terme de son ministère. De toute façon, Elie savait à l'avance que sa vie sur terre tirait à sa fin. Apparemment, certaines personnes le savaient aussi. Cependant, Elie continuait de se laisser conduire par le Seigneur. Il lui demanda de se rendre à Béthel et il obéit. Il voulait qu'Elisée reste, mais il insistait pour l'accompagner. Alors le Seigneur envoya Elie à Jéricho. Elisée l'accompagna une nouvelle fois. Aux deux lieux dits, des groupes de prophètes dirent à Elisée que le Seigneur était sur le point d'enlever son maître. Elisée le savait mais ne désirait pas en parler.

Nous apprenons aussi avec Elie, le modèle de disciple qu'il a fait de Elisée. Elie ne voulait pas laisser un vide, lorsqu'il ne pourrait plus annoncer la Parole de Dieu au peuple d'Israël. Lorsqu'il comprit qu'il était seul à demeurer fidèle au Seigneur, Dieu lui envoya Elisée pour qu'il le forme à devenir un prophète. Lorsque Elie demanda à Elisée ce qu'il voulait avant de le laisser partir, Elisée demanda une double portion de l'esprit d'Elie. Le premier né recevait une

NOTES

double portion. Aussi Elisée affirma qu'il désirait marcher sur les pas et l'esprit de son père spirituel. Dieu accepta la requête d'Elisée et ce dernier se rendit très vite compte qu'il aurait besoin de tout ce qu'il avait reçu et appris. Transmettons-nous toute la sagesse que le Seigneur nous donne à travers nos expériences et notre marche avec lui ? Il n'est pas nécessaire que nous soyons des prophètes comme Elie pour partager avec les autres ce que Dieu nous enseigne. Chaque croyant mature devrait pouvoir faire des disciples et exhorter d'autres croyants. Aussi, quand nous aidons les autres à croître, nous croissons aussi dans notre foi. Cependant, pour assurer cette croissance et la rendre visible, nous devons être le disciple de quelqu'un.

Nous voyons que la foi d'Elie est restée intacte jusqu'au bout. Dans ses deniers jours, le Seigneur conduisait Elie partout en Israël. Certains d'entre nous auraient éventuellement souhaité démissionner, pensant mériter le repos pour avoir déjà assez fait pour le Seigneur. Elie, cependant, continuait de répondre fidèlement à l'appel de Dieu où qu'il le conduisait. A la fin, Dieu enleva directement Elie au ciel, dans un chariot conduit par des chevaux de feu, en présence d'Elisée. Celui-ci ramassa le manteau d'Elie et se demanda : 'Où est le Dieu d'Elie, maintenant ?' Dieu montra à Elisée que même si Elie ne fût plus avec lui, le Seigneur demeure toujours avec lui.

Exercez votre foi

Cette semaine, nous devrions tirer trois leçons de la vie d'Elie. Que chacun s'évalue lui-même dans chaque domaine : dans sa marche avec Dieu, en tant que faiseur de disciples, dans sa fidélité envers Dieu. Demandez : comment est votre foi ? Etes-vous comme Elie en ce sens que tu suis Dieu partout où il t'appelle, même si tu ne comprends pas ce qu'il te demande de faire ? Œuvres-tu avec diligence pour le royaume ? Aides-tu des jeunes chrétiens faibles à devenir des disciples ? Cette semaine, tirons une leçon de la vie d'Elie et travaillons pour le Seigneur en aidant un jeune chrétien à devenir un disciple et persévérons dans la foi, jusqu'au bout.

LEÇON 27

Es-tu un esclave ou un homme libre ?

NOTES

Passages bibliques

Jean 8.31-41 ; Philipiens 4.8

Parole de vie

Philipiens 4.8

Examinez votre vie

Discutez cette assertion : il y a dans notre esprit 'un vide pour Dieu' qui ne peut être comblé que par Dieu lui-même. Est-il vrai que les non croyants sont toujours à la quête d'un manque à combler dans leur vie ? Votre quête du christianisme était-elle une quête pour quelque chose de vrai et de significatif pour votre vie ? Avec quoi les hommes essaient- ils de combler ce vide ? Est-il possible de combler ce désir ardent par des choses du monde ? Le cœur des croyants renferme-t-il un désir ardent ?

Explorez la Parole

La leçon d'aujourd'hui est la première d'une série qui met l'accent sur les choses de Dieu et remplir sa vie de ces choses-là. Lisez Philippiens 4.8, le verset central de ces leçons, et discutez pour savoir comment nous pouvons remplir notre esprit de ces choses vraies, honorables, justes, pures, aimables, qui méritent l'approbation, vertueuses et dignes de louanges. Désignez quelqu'un pour lire Jean 8.31-41. Jésus disait des choses aux juifs qui avaient cru en lui et sur lesquelles nous devrions aussi méditer. D'abord, il leur dit que ceux qui sont réellement ses disciples sont ceux qui 'gardent' ses enseignements. Ces juifs étaient des croyants, mais cela n'était pas suffisant, même s'ils avaient avec eux Jésus. L'obéissance est essentielle pour devenir un disciple de Jésus.

Alors, Jésus leur dit que ceux qui gardent ses enseignements 'connaîtront la vérité et la vérité les affranchira' (8.32). Les Juifs ne comprenaient rien et répliquèrent à Jésus qu'ils n'avaient jamais été des esclaves, donc, comment pourraient-ils être affranchis ? Jésus leur expliqua qu'il ne parlait pas de l'esclavage humain mais plutôt de l'esclavage du péché. Nous sommes esclaves de toutes les choses qui contrôlent notre vie, nos actes et nos attitudes. Si nous continuons de pécher, alors nous sommes des esclaves du péché et nous ne sommes pas libres.

Lorsque Jésus insiste en disant que seule la vérité peut nous délivrer du péché, les juifs répondirent que la 'vérité' est qu'ils étaient le peuple élu de Dieu, les enfants d'Abraham. Ils étaient confus quand Jésus objecta et leur dit qu'ils n'étaient pas des enfants d'Abraham. Physiquement, ils étaient les descendants d'Abraham, mais spirituellement, ils ne l'étaient pas. Leur comportement montrait qui était leur véritable père spirituel et ce n'était pas Dieu. Ils pratiquaient la loi à la Loi, mais ils avaient complètement oublié le cœur de la Loi. S'ils voulaient se tenir dans la vérité, alors ils aimeraient Dieu au lieu de pratiquer des rites religieux qui avaient perdu leur sens.

Discutez : qu'est-ce la vérité ? En quoi Jésus est-il la vérité ? Comment la vérité nous affranchit-elle ? Par quels moyens sommes-nous liés au péché ? Comment le péché cache-t-il la vérité de Jésus afin d'empêcher aux gens de le comprendre, le croire et le suivre ? Comment la vérité révèle-t-elle et triomphe-t-elle des faux enseignements ? Sommes-nous sous le pouvoir du péché ou bien sommes-nous affranchis par la vérité en Jésus ?

Exercez votre foi

Connaissez-vous un homme qui refuse la paternité de son enfant, alors qu'il est avéré que l'enfant est sa copie conforme ? De même, nous pouvons identifier le père spirituel d'une personne de par ses actes. Qui est votre vrai père ? Vous tenez-vous dans la vérité ? Avez-vous accepté Jésus-Christ comme votre Sauveur ? Est-il le vrai Seigneur de votre vie ? Si vous n'avez pas Jésus dans votre vie, alors vous êtes sous le joug et l'esclavage du péché. La liberté est en Christ, la Vérité.

NOTES

LEÇON 28

Amenons toute pensée captive

NOTES

Passages bibliques

2 Corinthiens 10.1-6 ; Philippiens 4.8

Parole de vie

2 Timothée 2.20-21

Examinez votre vie

Vous a-t-on déjà dit que vous aviez une imagination fertile ? Vos pensées vous échappent-elles parfois ? Passez-vous beaucoup de temps à rêver ou à fantasmer ? Avez-vous fréquemment des pensées indécentes envers d'autres personnes et sur leur façon de se comporter ou de discuter ? Nourrissez-vous des idées de vengeance pour une offense qui vous a été commise ? Nos pensées sont les choses les plus difficiles à maîtriser dans notre vie. Savoir maîtriser nos pensées résulte d'un processus continu qui n'est jamais totalement achevé.

Explorez la Parole

Nous menons un combat spirituel. Une grande partie de ce combat se passe dans notre esprit et nos pensées. Ce combat n'est absolument pas nouveau. Les chrétiens de Corinthe subissaient également cette même attaque de la part des infidèles et des faux docteurs. Certains profitaient de l'absence de Paul pour détourner les chrétiens de la véritable connaissance de Dieu. Ainsi, Paul écrivait aux croyants et comparait leur esprit aux citadelles ou villes fortifiées qu'ils voyaient constamment dans leurs pays. Il expliqua que certains de leurs ennemis utilisaient les armes de l'argumentation, de la prétention et du rationalisme contre eux. Cependant, ils ne devraient pas tomber sous la puissance de leur attaque car les croyants avaient des armes plus puissantes que celles utilisées contre eux.

Divisez la classe en groupes. Que chaque groupe lise 2 Corinthiens 10 .3-6 et demandez leur de répondre aux questions suivantes (si vous avez une petite classe, vous avez le choix entre la diviser en deux groupes ou les laisser travailler tous ensemble). Groupe 1 : Comment le monde fait-il la guerre comparée à la guerre spirituelle que nous menons ? Quel combat sommes-nous entrain de mener en tant que chrétiens ? Groupe 2 : Quelles sont les armes que nous utilisons et quelle est leur puissance spirituelle ? Comment détruisons-nous des forteresses avec ces armes ? Groupe 3 : Qu'est-ce que Paul veut dire par 'garder toute vérité captive' ? Groupe 4 : Pourquoi Paul menaçait-il de punir tout acte de désobéissance une fois qu'il atteignait son comble ?

Dès lors que nos pensées se justifient par des arguments ou reposent sur de fausses prétentions ou informations, notre esprit refuse de croître dans la connaissance de Dieu. Ce combat contre nos pensées est de tous les temps, mais quand nous donnons à Dieu le contrôle de ces pensées, il les tient captives et les garde. Lorsque nous sommes submergés par des pensées impures ou indécentes, notre premier réflexe devrait être de les donner à Dieu et le laisser s'en charger à notre place. Il y a des stratégies supplémentaires ou armes spirituelles que nous pouvons utiliser pour empêcher l'attaque à sa source. Nous devons nous efforcer de transformer nos pensées (Romains 12.1-2) afin de ne pas emprunter les chemins de l'habitude. Voici quelques méthodes pour soumettre nos pensées à Christ : mémoriser le passage biblique (Psaume 119.11) ; étudier régulièrement la Bible, noter et étudier les versets appropriés qui vous aideront à purifier votre esprit. Personnalisez le texte en y mettant votre nom comme si le verset vous était directement adressé, ce qui aura l'avantage de fortifier votre esprit et de vous donner la force de résister sous la pression. Ecrivez les choses que le Seigneur est entrain de vous enseigner.

Exercez votre foi

Cette semaine, poussez votre classe à enraciner la parole de Dieu dans leur cœur et à la méditer pour qu'elle les aide à maîtriser leurs pensées. Il serait peut-être bon d'organiser un concours dans quelques semaines pour voir quel groupe a mémorisé le plus grand nombre de versets et trouvé des applications pratiques.

NOTES

LEÇON 29

Plaire à Dieu

NOTES

Passages bibliques

1 Thessaloniciens 4.1-12 ; Philipiens 4.8

Parole de vie

1 Thessaloniciens 4.3

Examinez votre vie

Posez la question : Avez-vous déjà pensé à ce qui ferait plaisir à Dieu ? Vous êtes-vous déjà demandé quelle est la volonté de Dieu pour votre vie ? Pensez-vous qu'il nous soit vraiment possible de plaire à Dieu dans cette vie ? Que diriez-vous si quelqu'un vous disait exactement ce que vous devez faire pour plaire à Dieu et connaître sa volonté dans votre vie ? Les premiers chrétiens étaient préoccupés par ces questions, ainsi Paul écrivit des lettres pour les guider dans la vérité. Etudions la lettre qu'il a écrite aux Thessaloniciens et voyons si nous pouvons tirer un enseignement des instructions qu'il leur a données.

Explorez la Parole

(Avant de commencer la leçon, écrivez chaque verset du passage biblique du jour tiré de Thessaloniciens sur des bouts de papier séparés. Pliez chaque papier pour cacher les versets et écrivez le numéro du verset sur le verso. Distribuez les bouts de papiers à chacun et précisez-leur de ne pas l'ouvrir avant d'être autorisé à le faire. Si vous avez moins de 12 personnes, donnez à certains plus d'un). Demandez à la personne qui a le verset 1 de déplier le papier et de le lire à haute voix. Donnez à la classe le temps de réagir face au verset, en posant des questions ou en faisant des commentaires. Précisez que le verset 1 nous instruit fortement en soulignant que (1) nous pouvons savoir comment vivre pour plaire à Dieu, (2) qu'il est possible de vivre ainsi, 'la vie que vous menez en ce moment même' et (3) que nous pouvons continuer 'de plus en plus' à plaire à Dieu dans notre vie. Demandez aux personnes qui ont le verset 2 de le lire. Insistez sur le fait que les instructions de Paul lui ont été conférées par l'autorité de Jésus, aussi ces paroles sont vraies et efficaces. Lorsque le verset 3 sera lu, discutez de la signification de 'être sanctifié' (c'est-à-dire être séparé du monde et du péché, servir et faire la volonté de Dieu) et pourquoi les personnes qui sont réservées au service de Dieu ne devraient pas être impliquées dans l'immoralité sexuelle. Le verset 4 poursuit l'enseignement sur la maîtrise de soi (notez que la culture et la religion des personnes avant qu'elles ne se convertissent au christianisme encourageaient souvent l'immoralité sexuelle et certains nouveaux croyants avaient beaucoup de mal à s'en départir). Le verset 5 donne l'espérance en déclarant que ceux qui connaissent Dieu ont la capacité de maîtriser leurs passions. Le verset 6 met en garde contre tout acte tendant à justifier un abus ou une tentation exercés sur autrui. Quiconque commet de tels péchés contre la personne fera face au châtiment divin. Le verset 7 nous rappelle que l'appel de Dieu pour chaque croyant est la sainteté et non l'impureté. Le verset 8 met en exergue les graves conséquences qui résultent de l'ignorance de ces enseignements venant de Dieu. Paul les a certes écrits, mais ce sont des instructions divines.

Verset 9 : maintenant que Paul a mis ses lecteurs en garde, il revient les encourager. Ils y parviendront grâce à un amour fraternel. Les croyants n'ont pas besoin d'un apôtre qui leur apprendrait à s'aimer les uns les autres. Dieu lui-même nous enseigne et nous nous enseignons les uns les autres. Le verset 10 est un compliment que toute église devrait chercher à recevoir. Aimons-nous vraiment tous les chrétiens de notre pays ? Redoublons d'efforts ! Le verset 11 nous dit ce que nous devons faire de notre vie : mener une vie tranquille, nous occuper de nos propres affaires et travailler de nos propres mains. Le verset 12 affirme que ces choses-là nous feront gagner le respect des autres et nous garderont de dépendre des autres pour vivre.

Exercez votre foi

Accordez aux adultes 2 à 3 minutes pour qu'ils réfléchissent personnellement sur cette question : « Est-ce que je fais des choses qui plaisent à Dieu ? Quelles sont les choses qui déplaisent à Dieu et que je fais habituellement ? Examine ton cœur et ta vie. Ta vie est-elle en conformité avec ces enseignements ? Demande à Dieu de te rendre saint et pur par son Saint-Esprit.

NOTES

LEÇON 30

De qui êtes-vous l'ami ?

NOTES

Passages bibliques

Jacques 4.1-12 ; Philipiens 4.8

Parole de vie

Jacques 4.7

Examinez votre vie

Qu'est-ce qui peut être source de bagarre et de querelle ? Les non chrétiens se bagarrent-ils et se querellent-ils pour des raisons autres que celles des chrétiens ? Avez-vous déjà connu une église divisée à cause de petits ou d'insignifiants différends ? Vous êtes-vous déjà querellé avec un autre croyant ? Comment les non croyants résolvent-ils leurs différends ? Comment les croyants devraient-ils régler leurs différends ? Les bagarres et les querelles sont-elles, aujourd'hui, des préoccupations sérieuses pour les chrétiens ou alors sont-elles révolues ?

Explorez la Parole

Jacques aborde carrément le problème des conflits et des querelles entre croyants et il affirme clairement que rien ne justifie de tels comportements chez ceux qui prétendent aimer Dieu. D'abord, Jacques analyse la source de ces problèmes. Demandez à quelqu'un de lire Jacques 4.1-3. Discutez maintenant les causes énumérées par Jacques (ex. : les désirs, vouloir une chose que tu ne peux pas avoir, la convoitise, refuser ou négliger de présenter ses requêtes à Dieu ou avoir des motifs égoïstes pour ses requêtes). Pourquoi Dieu ne répond-il pas à de tels attitudes ou comportements ? (L'égocentrisme est le caractère opposé de Dieu, ainsi exaucer des requêtes égoïstes compromettrait son intégrité.)

A présent, Jacques examine les conséquences qui sont derrière les causes. Que quelqu'un lise Jacques 4.4-6. Discutez du fait que l'amitié avec le monde est une haine dirigée contre Dieu. Dieu n'aime-t-il pas le 'monde' (expliquez la différence qu'il y a entre le 'monde' en tant qu'humanité et le monde en tant que matérialisme et hostilité envers Dieu). Que veut dire Jacques par être 'un ami du monde' ? (Ex. : poursuite des biens matériels et mettre nos propres désirs au dessus de Dieu, etc.) Que signifie être 'un ennemi de Dieu' ? Comment l'esprit de Dieu peut-il causer en nous une 'envie intense' si la jalousie est un sentiment qu'on ne doit pas trouver chez un croyant ? (La jalousie de Dieu est liée au fait de permettre à une chose de se placer au-dessus de Dieu. C'est une totale contradiction que de dire que nous adorons Dieu et que nous désirons une autre chose plus que Lui.)

Ensuite, Jacques donne la solution au problème. Lisez Jacques 4.7-10. Discutez de chaque phrase, ensuite examinez-les ensemble. Si nous reconnaissons Dieu en tant que Dieu, humilions-nous en tournant nos pensées et notre cœur uniquement vers lui, alors il fera tout ce qu'il faut pour nous purifier et nous relever.

Enfin, Jacques avertit encore les croyants quant à leur conflit intérieur. Juger un croyant signifie se mettre à la place de Dieu. A chaque fois que nous oublions de nous rappeler qui nous sommes par rapport à Qui il est, nous avons des problèmes. Et ces problèmes peuvent nous détruire si nous ne nous purifions pas de ces choses.

Exercez votre foi

Combien de fois nous sommes-nous permis de juger nos voisins ou nos frères de l'église ? Agissons-nous comme si nous savions tout sur eux, leur vie, leurs péchés et si oui ou non leur cœur est droit devant Dieu ? Etudiez la Parole de vie et appliquez-la à votre vie. Soumettez sincèrement votre volonté à celle de Dieu. Ecoutez sa voix pendant cette semaine. Consacrez du temps à sa parole et priez. S'il y a une personne que vous avez jugée, allez vers elle et présentez-lui vos excuses. Priez pour une personne que vous considérez comme votre ennemi et demandez à Dieu de changer votre attitude envers elle et de vous donner son amour pour elle.

NOTES

LEÇON 31

La joie résultant d'une foi véritable

NOTES

Passage biblique

1 Pierre 1.1-12

Parole de vie

1 Pierre 1.3

Examinez votre vie

Invitez des membres de votre classe à partager une expérience au cours de laquelle ils avaient de grands espoirs qui ne se sont jamais réalisés. D'autres partageront un moment au cours duquel ils ont appris, à travers une expérience ou une personne, le véritable sens de l'espérance, qu'il s'agisse d'un sermon, d'une parole d'encouragement ou tout juste d'une conversation avec une tierce personne. Un simple mot ou acte venant d'un(e) ami(e), d'un membre de la famille ou même d'un(e) étranger(ère) peut tout changer quand tout semble aller au pire.

Explorez la Parole

Désignez une personne pour lire 1 Pierre 1.1-12. En vous référant au passage, dressez ensemble une liste de tous les problèmes auxquels sont confrontés les croyants. Puis, reconsidérez le passage et citez toutes les choses positives que Pierre a dites quant à ces problèmes. Discutez pour savoir lesquels de ces problèmes se réfèrent au contexte actuel. Lesquels de ces combats les membres de ta classe, de ton église ou de ta communauté mènent-ils actuellement ? Ont-ils des solutions ?

Pierre écrivait cette lettre aux croyants qui étaient persécutés à cause de leur foi. Certains qui avaient quitté leur pays d'origine pour échapper à la persécution finirent par comprendre qu'il n'existait aucun lieu où ils se sentiraient entièrement en sécurité. Ils étaient souvent pauvres et ne prenaient part à aucune prise de décision dans leur terre d'accueil. Pierre voulait que ces chrétiens reprennent courage même face à l'adversité et à la souffrance. D'abord, il leur rappela que quoiqu'ils soient étrangers dans leurs propres maisons, ils le resteront toujours où qu'ils aillent car leur maison est auprès de Dieu le Père ; là, ils ne sont pas des étrangers. Ils avaient été personnellement choisis par Dieu.

Ils avaient reçu la nouvelle naissance et faisaient partie de la famille de Dieu. Il leur dit que les croyants ne devraient pas se soucier de leur manque de confort ici-bas, car leur héritage est au ciel. Dieu garde cet héritage pour eux et personne ne peut le leur ravir.

Posez-leur la question : pourquoi des malheurs s'abattent-ils sur les bonnes gens ? Pierre savait que ces croyants se posaient aussi cette question. Comment Dieu pouvait-il permettre que pareille chose nous arrive ? Pierre ne répondit pas explicitement à la question 'pourquoi', mais il expliqua l'aboutissement. Dieu utilise toutes ces mauvaises choses pour fortifier et purifier notre foi (verset 7). Lorsque nous sommes éprouvés dans notre foi, nous devons louer, glorifier et rendre honneur à Jésus-Christ, tous ensemble. Montrez dans votre discussion comment les difficultés participent à raffermir et purifier notre foi (ex. en confessant nos faiblesses et nos impuretés et en laissant Dieu œuvrer en nous pour changer nos mauvaises attitudes, nos habitudes, etc. ; en édifiant nos muscles spirituels par la prière, la dévotion, etc.) Posez la question : Connaissez-vous quelqu'un qui a beaucoup de mal à croire en une personne ou en une chose invisible ? Pierre, contrairement à beaucoup de croyants qui n'avaient jamais vu Jésus, fut un témoin oculaire de la vie et de la résurrection de Jésus. Certains voulaient certainement une 'preuve' pour s'assurer du solide fondement de leur foi. Pierre attestait qu'il avait de nombreuses preuves de la présence de Jésus parmi eux, même s'ils ne pouvaient pas le voir. Ils avaient la confirmation, par l'Esprit, de leur salut, de leur amour pour le Christ et de l'expérience d'une 'joie indicible et glorieuse' même au milieu des tribulations.

Exercez votre foi

N'avez-vous jamais pensé renoncer à tout au cours de votre marche chrétienne ? Vos combats menacent-ils de vous accabler ? La récompense céleste ne vous semble-t-elle pas trop inaccessible ? Prenez un moment pour relire le passage biblique et prier Dieu de vous parler ou de vous encourager par un verset ou une phrase. Quelle preuve avez-vous que Christ est réellement présent dans votre vie ?

NOTES

LEÇON 32

Un peuple que Dieu s'est choisi

NOTES

Passage biblique

1 Pierre 2.1-12

Parole de vie

1 Pierre 2.9

Examinez votre vie

Quels mots pourriez-vous utiliser pour décrire le type de relation que vous entretenez avec autrui: mère, père, mari, femme, frère, sœur, voisin(e), etc. ? Y a-t-il des relations que vous n'entretenez pas et souhaiteriez entretenir ? Dans quel type de relation vous sentez-vous à l'aise ? Existe-il des situations que tu aurais préféré ne pas vivre dans ta famille (veuve, orphelin, etc.) ? Jusqu'à quel point pensez-vous qu'il est important que vos voisins et votre famille élargie sachent que vous entretenez de bonnes relations avec toutes les personnes qui sont dans votre vie (pas de conflits ni d'injures, les enfants travaillent bien à l'école, etc.) ? Vous fait-on honneur dans votre communauté ou votre famille ou alors vous méprise-t-on ? Êtes-vous respectés pour votre engagement chrétien ou considérés comme traîtres vis-à-vis de votre famille ou de votre religion traditionnelle ?

Explorez la Parole

Ceux à qui Pierre adressait cette lettre traversaient des moments difficiles. Ils étaient persécutés à cause de leur foi et certains d'entre eux utilisaient des moyens inappropriées pour résoudre leurs problèmes (par la malice, la tromperie, l'hypocrisie, l'envie et la médisance). Pierre leur disait clairement qu'ils devaient se départir de ces comportements et attitudes. Il les rassura encore de leur nouvelle naissance en Christ, mais les exhorta à prendre le lait spirituel qui fera croître, puisqu'ils ont goûté et vu la bonté du Seigneur. Au lieu de les blâmer avec austérité, Pierre leur rappelle au contraire tous les bons côtés de leur vie et ramène leur attention au fondement de leur foi, Jésus-Christ. Pierre décrit Jésus comme la pierre angulaire de leur foi, un roc solide et inébranlable qui ne peut être détruit. La pierre angulaire est suffisamment solide pour supporter l'édifice d'une église puissante et chaque croyant est une pierre importante dans les murs de cette église.

Pierre emploie beaucoup de métaphores pour décrire le rôle des croyants et celui de Jésus. Choisissez quelqu'un pour lire le passage biblique, pendant que les autres membres de la classe diront 'Stop', à chaque fois qu'une métaphore apparaît. Dressez une liste des termes et expressions métaphoriques. Après lecture de tout le passage, repassez sur chaque métaphore et organisez une discussion autour de ce qu'elle révèle sur le rôle des croyants et notre relation avec Jésus-Christ. Pierre décrit l'église comme des pierres vivantes, tout comme Jésus en est la '*pierre vivante*'. Ainsi, le royaume de Dieu a besoin de nous tous, pierres vivantes, pour bâtir son église, de la même façon que chaque bloc et chaque pierre sont nécessaires pour construire une belle maison ou un beau bâtiment. Pierre déclare aussi que l'église est une communauté regroupant le peuple de Dieu, un peuple élu. Il est clair que personne ne peut suivre Jésus tout seul ; nous avons besoin des autres pour nous aider à croître. L'église est un sacerdoce royal ; chacun d'entre nous a directement accès à Dieu, sans autre intermédiaire que Jésus. Ce privilège nous confère la responsabilité de proclamer les louanges de Dieu, par nos paroles et nos actes, à ceux qui ne croient pas encore. Pour finir, Pierre donne à l'église le nom de nation sainte, le peuple que Dieu a appelé à lui pour avoir une communion spéciale avec lui.

Exercez votre foi

Votre entourage comprendrait-il, rien qu'à travers votre mode de vie, que vous appartenez à Dieu ou serait-il étonné ? Donnez-vous une fausse image de saint (e) ? Menez-vous votre vie avec le Christ comme membre d'un sacerdoce royal (prêtre), ayant pleinement accès à Jésus-Christ ? Prenez-vous à cœur votre responsabilité de servir comme prêtre ou témoin pour les non croyants ? Ceux qui appartiennent à Dieu ont la responsabilité de mener une vie qui illustre et reflète son caractère pour quiconque le cherche.

NOTES

LEÇON 33

Connaître la raison de l'espérance

NOTES

Passage biblique

1 Pierre 3.8-22

Parole de vie

1 Pierre 3.15

Examinez votre vie

Quelle est la pire des choses que vous pensez avoir à affronter cette année ? Avez-vous l'impression qu'il y a eu récemment plus de bonnes ou de mauvaises choses dans votre vie ? Portez-vous une espérance que vous pouvez offrir au monde en échange de la vie présente qu'il mène ? Si dans la rue quelqu'un s'approchait de vous et vous posait la question, pourriez-vous lui expliquer pourquoi votre vie est différente ?

Explorez la Parole

Le philosophe européen, Friedrich Nietzsche a une fois dit au sujet des chrétiens : 'pour que je puisse croire en leur rédempteur, il faudrait qu'ils se conduisent davantage comme des rachetés'. Pierre avait traité beaucoup de sujets relatifs notamment aux besoins des chrétiens de 'se conduire comme des rachetés'. Lire 1Pierre 3.8-22. Faire deux listes : l'une comprenant tout ce que les chrétiens devraient faire ou être, l'autre contenant ce que les chrétiens ne devraient pas faire ou être.

Le verset 8 cite cinq caractéristiques qui distinguent les chrétiens des non croyants : l'harmonie, la sympathie, l'amour fraternel, la compassion et l'humilité. Divisez-vous en cinq groupes (une seule personne peut constituer un groupe) et prenez trois à cinq minutes pour trouver autant de manières possibles, pour votre classe, de mettre ces caractéristiques en pratique. Si vous disposez encore de temps, vous pourrez éventuellement faire un exercice similaire avec d'autres caractéristiques qui sont sur votre liste.

Pierre nous apprend aussi à devenir des chrétiens confiants dans un monde hostile à tout ce que nous représentons. Nous devons prendre conscience que notre sécurité se trouve en Christ (verset 13-15a). Pierre a compris par ses nombreuses expériences l'importance de garder son attention fixée sur Jésus.

NOTES

Notre sécurité est ancrée dans l'espérance (verset 15b-17). Nos difficultés sont passagères alors que Jésus est éternel. En tant que chrétiens, notre sécurité est basée sur la mort et la résurrection du Christ (verset 18). Jésus est mort pour nous, pour toujours. Nos péchés sont éternellement pardonnés. Même si nous ne comprenons pas toutes les implications des versets 19 et 20, ils annoncent de nombreuses vérités, qui sont très claires. Si Jésus a séjourné au royaume des morts, c'est qu'il était bien mort. Ainsi, s'il a séjourné au royaume des morts donc, la résurrection est aussi réelle. Ceci signifie aussi qu'il n'y a personne qui soit au-delà de la grâce de Dieu. Finalement, notre confiance est basée sur la certitude que le Christ aura la victoire finale (verset 22). Nous insistons souvent sur l'importance de la croix dans le christianisme, mais la résurrection est la pierre angulaire de notre foi. C'est la résurrection qui lui a permis véritablement de régner maintenant et à jamais, une puissance qui est pour toi et pour moi. C'est la raison de l'espérance qui est en nous, raison que nous devons partager avec chaque personne sur terre afin que tous croient et partagent cette espérance et cette victoire.

Exercez votre foi

Il y a trois points essentiels à retenir dans notre leçon d'aujourd'hui : (1) En tant que chrétiens, nous avons besoin de nous conduire comme des rachetés. (2) Quand les difficultés surviennent (et elles viendront), pensez à la bonté, à la puissance et à la présence constante de Dieu. Il n'y a pas de solutions simples aux problèmes que nous rencontrons, mais avec Dieu, il n'existe aucune situation trop difficile à résoudre et ce définitivement. (3) Nous devons être prêts à partager la raison de notre espérance avec toute personne qui le désire et mener une vie qui la pousse à se poser des questions.

LEÇON 34

Nous avons tout ce dont nous avons besoin

NOTES

Passage biblique

2 Pierre 1.1-11

Parole de vie

2 Pierre 1.4

Examinez votre vie

Quels sont les traits de caractère que vous appréciez chez les autres ? Que font souvent les gens pour s'élever intellectuellement, socialement ou dans d'autres domaines ? Si vous aviez la possibilité de vous améliorer, quel domaine de votre vie viseriez-vous ? Le caractère, est-ce une chose que vous sentez se développer et croître dans votre vie ? A quel point pouvez-vous enfin vous dire à vous-mêmes : 'Je suis un adulte' ? Il s'agira, dans la leçon d'aujourd'hui, d'examiner la maturité spirituelle d'un chrétien et le moment où nous atteignons ce niveau de développement spirituel.

Explorez la Parole

Lisez 2 Pierre 1.1-11. Examinez trois promesses dans ce passage des Ecritures : il nous a donné tout ce qui contribue à la vie et à la piété (verset 3) ; nous ne serons ni oisifs ni stériles (verset 8) ; et nous ne broncherons jamais. Ainsi, l'entrée au royaume éternel de notre Seigneur et Sauveur Jésus-Christ nous sera pleinement accordée (versets 10-11).

Que veut dire la puissance de Dieu 'nous a donné tout ce qui contribue à la vie et à la piété' ? Dieu nous a fait prendre conscience des réalités du royaume spirituel, afin que nous voyions et imitions le Christ et que nous fassions aussi la différence entre ce qui est temporaire et ce qui est éternel. Nous prenons également conscience de nos vastes ressources spirituelles. Dieu nous a donné tout ce qui concourt à une vie chrétienne pleine et féconde. Nous ne pouvons pas grandir en Christ si nous ne sommes pas vivants en lui et lui en nous. De ce fait, non seulement notre relation avec Dieu change, mais nous-mêmes nous changeons.

NOTES

Quelles sont les qualités requises pour être efficace et productif ? Comment pouvons-nous avoir ces 'choses en abondance' ? Le christianisme n'est pas une religion qui prône la passivité. Dieu nous donne la grâce et la puissance, mais nous devons exercer notre foi, nourrir nos pensées et tendre vers la maturité. Sans la foi, nous ne pouvons pas être des chrétiens ; il faut toutefois préciser que la foi seule n'est pas suffisante. Nous devons ajouter une qualité essentielle à notre comportement et nos relations : la bonté. Le savoir est indispensable car, 'le cœur ne peut croire en ce que l'esprit ne peut concevoir'. Nous ne pouvons pas grandir en Christ si nous ignorons tout de sa vie et de ses enseignements. Nous devons étudier sa Parole et connaître ses enseignements. La maîtrise de soi est indispensable parce que souvent, notre grand ennemi est notre incapacité à nous contrôler. Nous avons besoin de persévérance car le voyage est long et pas toujours facile. La piété ou la vie en Dieu est essentielle si nous voulons grandir en lui. La bienveillance fraternelle se manifeste dans l'attention et l'intérêt que nous manifestons aux autres. L'amour divin est l'essence du croyant, un amour que nous n'avons ni gagné ni mérité, mais qui est donné plutôt librement à ceux qui le recherchent. Ces qualités nous rendent efficaces et productifs dans notre connaissance de Jésus-Christ.

En fin de compte, la promesse qui renforce notre espérance si nous accomplissons avec diligence toutes ces choses dans la foi (pas pour obtenir un mérite spirituel) est que nous ne chuterons pas spirituellement. Nous pourrions trébucher, faire un faux pas, mais nous serons protégés tant que nous ne nous détournons pas de Dieu. En tant que chrétiens, nous devons rester concentrés sur notre objectif. Sa grâce est suffisante pour tous nos besoins et nous aide à mener une vie pieuse. Cependant, l'échec à croître pourrait conduire à la mort spirituelle.

Examinez votre vie

Demandez à vos adultes de réfléchir en silence pendant quelques minutes sur ces questions : Comment va votre santé spirituelle ? Vous fortifiez-vous chaque jour un peu plus ou risquez-vous d'être corrompu ? Avez-vous les caractéristiques d'un chrétien en croissance ? Avez-vous besoin de changements ? Priez et demandez à Dieu de vous montrer où vous avez besoin de son aide pour faire l'expérience de la vraie vie et de la piété.

LEÇON 35

La vérité triomphera à la fin !

NOTES

Passage biblique

2 Pierre 2.1-10a

Parole de vie

2 Pierre 2.9

Examinez votre vie

Avez-vous déjà cru à un mensonge ? Ne vous est-il jamais arrivé de faire confiance à une personne au point de croire en tout ce qu'elle dit et vous retrouvez finalement abusé ? Y a-t-il eu un membre de votre famille ou un (e) ami (e) qui a suivi une religion que vous jugez fausse et que malheureusement vous n'êtes pas parvenus à dissuader ? Il est frustrant de toujours entendre des mensonges qui, à cause de leur fausseté, peuvent finir par détruire l'église.

Explorez la Parole

A travers l'histoire, de faux prophètes et docteurs ont tenté de tromper le peuple de Dieu. Cela a existé aux temps de l'Ancien et du Nouveau testament et existe encore aujourd'hui. Il se pourrait bien que ces faux docteurs aient été abusés dans leurs croyances par d'autres, mais d'autres savent bien qu'ils enseignent des mensonges. Posez la question : Quel serait l'enjeu d'un tel problème dans notre église ou notre communauté ! Comment pourrions-nous reconnaître les faux docteurs et prophètes avant qu'ils n'égarent d'autres ?

Lisez 2 Pierre 2.1-3. Pierre nous dit que l'existence de faux prophètes et faux docteurs ne devrait pas nous surprendre mais nous devons prendre garde à ne pas nous laisser abuser et à ne pas les suivre dans leurs dissolutions afin que la voie de la vérité ne soit pas calomniée à cause d'eux (verset 2). D'abord, pour ne pas nous laisser abuser, nous ne devons pas exclure la possibilité que de nouveaux enseignements puissent être faux. Nous devons être comme les croyants de Bérée, qui confrontaient tous les nouveaux enseignements aux Ecritures (Actes 17.11). Dieu ne se contredit et ne donne jamais un message qui n'est pas conforme à son caractère. Un vrai prophète ne renie pas Jésus-Christ, ni en paroles ni en actes. La vie d'un prophète doit être en conformité avec le message de l'évangile. Ceci fait ressortir l'importance de notre

NOTES

connaissance des Ecritures et de notre fidélité dans notre relation active, grandissante avec Dieu. L'Eternel protégera les justes qui gardent leur regard fixé sur lui et placent leur confiance en lui.

Tous les faux prophètes ne viennent pas directement à l'église. Nous devons être extrêmement prudents dans le choix des personnes que nous laissons enseigner et parler dans l'église. Pourtant, il faut que nous sachions que nos frères sont exposés aux faux enseignements dans les marchés, à la télévision ou à la radio, dans les journaux, les livres et autres. Citez quelques faux enseignements que vous connaissez. En quoi pouvez-vous affirmer qu'ils étaient faux ? Concrètement, que pouvons-nous faire quand de faux docteurs et prophètes s'élèvent ?

Pour résoudre le problème des faux docteurs, il faut user à la fois de beaucoup de sagesse et de discernement. Et nous ne devons pas avoir l'attitude d'un juge. D'autre part, sachons faire la différence entre les vrais et les faux enseignements. Pierre nous rappelle que Dieu jugera et châtiera les méchants, évitons donc de nous mettre à la place de Dieu. Toutefois, nous devons tester les enseignements et n'accepter que ceux qui sont conformes à la parole reçue de Dieu.

Exercez votre foi

Dans votre communauté, connaissez-vous des gens qui tentent de 'fusionner' des religions, acceptant dans une certaine mesure le christianisme, mais continuant à pratiquer les rites de leur ancienne religion ? Y a t-il des personnes dans l'église ou la communauté qui ont été égarées par certains faux docteurs ? Discutez cette affirmation : il est plus facile de croire en un mensonge quand il a un grain de vérité. Les faux docteurs et prophètes mettent toujours un soupçon de vérité dans leurs enseignements de sorte que le crédule soit plus facilement trompé. Que pouvons-nous faire pour ne pas être des cibles faciles pour les faux docteurs ?

LEÇON 36

Se marier ou ne pas se marier ?

NOTES

Passage biblique

1 Corinthiens 7

Parole de vie

1 Corinthiens 7.17a

Examinez votre vie

Discutez cette annonce publicitaire trouvée dans un quotidien sud-africain : 'Pour certains, le mariage n'est pas une parole. C'est une phrase'. Certains se sentent tellement piégés dans leur mariage qu'ils ont l'impression d'être dans une prison. D'autres pensent que n'importe quel mariage est préférable au célibat. Comment les célibataires sont-ils traités dans votre culture ? Les normes ou attentes diffèrent-elles selon qu'on est homme ou femme célibataire ? Les célibataires ont-ils plus ou moins de liberté que les mariés ?

Explorez la Parole

Divisez la classe en deux groupes : d'un côté, les hommes et femmes mariés et de l'autre, les hommes et femmes non mariés. Invitez chaque groupe à aller à 1 Corinthiens 7 et à faire une liste de toutes les choses positives et négatives que Paul a eu à dire sur leur situation matrimoniale et les instructions qu'il a données pour les aider à prendre des décisions ou à servir fidèlement le Seigneur dans leur situation matrimoniale actuelle. Que chaque groupe présente les résultats de ses recherches. Discutez des implications de ce passage dans la vie de tous les jours.

Le mariage est une bonne chose. Paul montre combien un mariage basé sur la piété peut être une bonne chose. La culture corinthienne encourageait l'immoralité sexuelle, ainsi, Paul insiste sur la valeur du mariage afin de résister à cette tentation spécifique. Le mariage est une complémentarité entre deux personnes qui partagent leurs vies. Il ne devrait pas être un combat de pouvoir où l'un gagne et l'autre perd. Le corps du mari ne devrait plus lui appartenir; il doit tenir compte des besoins de sa femme. Le corps de la femme ne lui appartient pas non plus ; elle doit tenir compte des besoins de son mari. Mari et femme ont la responsabilité de s'édifier l'un l'autre. Ils doivent se préoccuper des choses du Seigneur, mais doivent accepter aussi l'importance que revêt leur statut de mariés aux yeux de Dieu ; et chacun devrait aller au-devant des besoins et désirs de l'autre.

Etre célibataire est aussi une bonne chose tant qu'on peut maîtriser ses passions. Les célibataires peuvent se dévouer entièrement à Dieu et à son œuvre. Leurs intérêts n'en seront pas plus divisés. Ils peuvent gérer leur temps, leurs programmes et leurs priorités en fonction de ce qu'ils croient être la volonté de Dieu. Les mariés doivent œuvrer pour une compréhension mutuelle.

En 2 Corinthiens 6.14, Paul écrit qu'un croyant ne devrait pas se mettre sous le joug d'un non croyant. Comment pouvons-nous relier ces deux chapitres ? En 1 Corinthiens, Paul parle d'un croyant qui était déjà marié lorsqu'il vint à Christ par la foi. Dans ce cas, si le mari ou la femme non croyant(e) est prêt(e) à rester dans le mariage, alors le(la) croyant(e) est tenu(e) de respecter son engagement au mariage et envers le Seigneur. Dieu peut utiliser le fidèle témoignage et la vie du croyant pour amener le non croyant à la foi. Cependant, un croyant célibataire ne devrait pas se marier avec un non croyant.

Examinez votre vie

Le plus important message de Paul dans ce chapitre est centré sur le devoir de dévotion du croyant envers Dieu, quelle que soit sa situation matrimoniale. Rien ne peut excuser une conduite libertine. Hommes et femmes, célibataires ou mariés, doivent honorer le Seigneur dans leurs choix et leurs relations. Etes-vous mariés ? Votre relation avec votre mari ou femme est-elle un bon exemple de l'amour de Christ pour son église ? Etes-vous célibataires ? Vos relations et vos choix honorent-ils Dieu ?

NOTES

LEÇON 37

Transmettre un héritage spirituel

NOTES

Passage biblique

2 Timothée 1.1-7

Parole de vie

Proverbes 24.3-4

Examinez votre vie

Quelles caractéristiques vous viennent à l'esprit quand vous pensez à vos parents ou grands-parents ? Y en a-t-il un qui a une habitude ou une qualité que vous admirez vraiment ? Avez-vous cultivé cette habitude ou qualité dans votre vie ? Qu'avez-vous comme qualité ou habitude que vous aimeriez transmettre à vos enfants ?

Explorez la Parole

Paul avait beaucoup d'enfants dans la foi et il avait pris la responsabilité d'être un père spirituel pour eux. Timothée en était un. Toutefois dans sa lettre, Paul reconnaît que depuis sa naissance, la vie de Timothée avait été pieusement influencée par sa mère et sa grand-mère. Elles lui avaient transmis un héritage de piété et de foi que Paul encouragea Timothée à développer et à transmettre aux autres qui étaient sous sa responsabilité pastorale.

Timothée portait un si grand amour à Paul qu'il pleura au moment de leur séparation. Timothée était tendre et pur de cœur. Il ne craignait pas d'exprimer son amour et son chagrin. Nous aussi, nous avons besoin de faire comprendre aux autres ce que nous ressentons pour eux. Nous devons privilégier l'honnêteté dans nos relatons les uns les autres.

Timothée était encore jeune et manquait d'assurance dans ses responsabilités de pasteur. Néanmoins, il devait exercer ses dons spirituels et prendre ses responsabilités afin que de l'étincelle sorte une flamme. Paul l'encourageait donc à grandir en assurance, déclarant que Dieu ne nous a pas donné un esprit de timidité, mais de puissance, d'amour et de discipline.

La puissance, l'amour et la discipline sont les éléments clés des bonnes relations. L'esprit de puissance qui anime le chrétien ne peut être séparé de l'esprit d'amour. La puissance, dans ce cas-ci, renvoie à un sentiment de confiance à s'accepter, à s'aimer et à adopter ce même comportement envers les autres, à être authentique et ouvert, au lieu de vouloir conquérir et intimider les autres. La discipline nous garde d'exprimer notre puissance et notre amour d'une manière inappropriée et nous aide à continuer et à garder nos yeux fixés sur notre objectif.

Peu importe la relation que nous considérons, ces paroles adressées à Timothée peuvent nous aider à tisser et à renforcer des relations pieuses et nous rendre aussi capables d'être des exemples vivants d'une foi pieuse et agissante. Dans notre 'Parole de vie', nous voyons que rien ne vaut une maison bâtie sur la sagesse, la compréhension et la connaissance ! Mari, femme, enfant, tout croyant, bénéficiera d'un foyer où règnent la piété et la foi, d'une tendresse pure, d'assurance intérieure, d'amour altruiste et de maîtrise de soi.

Exercez votre foi

Il y a un chœur qui dit : 'Je suis aimé¼je prends le risque de t'aimer car celui qui me connaît le mieux m'aime le plus'. Avez-vous l'assurance et l'estime de vous-mêmes pour laisser quelqu'un vous aimer pleinement sans que vous ne soyez ni timides, ni sur la défensive, ni jaloux ? Pouvez-vous aimer quelqu'un d'autre sans avoir constamment besoin d'assurance et d'attention ? Transmettez-vous à vos enfants un exemple d'héritage de foi pieuse ? Les personnes importantes de votre vie savent-elles que vous les aimez ? Demandez à Dieu de vous révéler les domaines de votre vie où vous avez besoin de grandir et de changer pour être vraiment authentiques dans votre piété, votre assurance, votre puissance, votre amour et votre discipline.

NOTES

LEÇON 38

Bâtir un foyer spirituel

NOTES

Passages bibliques

Deutéronome 6.1-7, 20-25 ; Colossiens 3.18-25

Parole de vie

Deutéronome 6.7

Examinez votre vie

Quel est le plus grand défi que vous devez relever aujourd'hui dans votre famille ? Quelles sont les pressions que vos enfants subissent à l'école, ou de la part de leurs camarades ? L'unité familiale est-elle défendue ou attaquée par la culture populaire ? Faites-vous de réels efforts pour passer du temps ensemble à faire des choses ou à discuter de sujets très importants avec votre famille ? Quand votre famille s'était-elle réunie, pour s'encourager mutuellement pour la dernière fois ?

Explorez la Parole

Désignez deux personnes pour lire Deutéronome 6.1-7 et 6.20-25. Puisque les Israélites étaient sur le point d'entrer dans la Terre Promise, ils devaient être préparés pour demeurer fidèles, vu qu'ils étaient environnés par les peuples païens. De nos jours, les familles chrétiennes vivent aussi à l'intérieur d'une culture païenne. Que nous enseignent ces versets au sujet des outils et matériels dont nous avons besoin pour bâtir une famille chrétienne victorieuse dans un environnement peuplé de non croyants ?

Avant tout, nous devons aimer Dieu dans chaque parcelle de notre être (Deutéronome 6.4). C'est le verset cité comme étant le plus grand commandement de Dieu. Cet amour doit se refléter dans nos paroles, actes et attitudes. Ensuite, nous devons enseigner les commandements de Dieu à nos enfants, avec sagesse et détermination. Les paroles du Seigneur doivent toujours être gravées dans nos coeurs et sur nos lèvres. Alors, nos enfants reconnaîtront notre amour pour le Seigneur et se sentiront libres de nous poser des questions au sujet de Dieu et de la vie. Ne limitons pas nos relations avec Dieu et nos enfants, ni à un jour, ni à un endroit, ni même à un temps précis. Il faut que la parole du Seigneur nous paraisse aussi naturelle que notre respiration, soit

NOTES

que nous sommes à la maison, soit que nous marchons, soit que nous soyons couchés ou debout. Ceci ne veut pas dire qu'il faut évangéliser nos enfants ou d'autres, tout le temps, sinon que nous devons être transformés, jour après jour et extérieurement, par l'amour du Seigneur.

Bâtir une foi réelle au sein de la famille est de nos jours un défi sérieux. Quoique Dieu soit prêt à nous diriger et à nous investir de sa puissance, il nous incombe d'être les premiers modèles de piété pour les enfants, car ils apprennent mieux par l'exemple. Ils ont besoin, tous les jours dans la maison d'un modèle chrétien à imiter.

Lire Colossiens 3.18-25. Quelles instructions Paul donne aux familles ? Mari et femme doivent s'aimer, se respecter mutuellement ; être des modèles chrétiens pour leurs enfants, afin que ceux-ci soient fondés solidement dans l'amour et la confiance au sein du foyer. Il faut apprendre aux enfants à obéir à leurs parents. En même temps, les parents doivent éviter d'irriter ou de décourager leurs enfants. Le rôle des parents est d'aimer leurs enfants comme Christ aime l'église. Les principes chrétiens seront appliqués dans la famille chrétienne, sans tenir compte des attentions venant ou non de l'extérieur. Dans notre univers familial et nos relations de travail, œuvrons consciencieusement, car nous servons Christ. C'est une grande responsabilité, mais Dieu nous aidera à l'accomplir.

Exercez votre foi

Bâtir une famille chrétienne n'est pas une chose facile, surtout quand de nombreux facteurs monopolisent l'attention des enfants. Les parents doivent se soutenir mutuellement dans la tâche d'élever leurs enfants dans la piété. Les croyants doivent trouver des moyens pour s'entraider dans ce voyage permanent d'aimer Dieu de tout son être et de transmettre l'amour et la foi à la génération à venir.

LEÇON 39

Se traiter avec respect les uns les autres

NOTES

Passages bibliques

Éphésiens 5.21–6.4

Parole de vie

Éphésiens 6.4

Examinez votre vie

Comment pouvez-vous savoir qu'une personne vous respecte ? Comment montrez-vous aux autres que vous les respectez ? Y a t-il une différence entre le respect, la fierté et l'estime de soi ? Qu'ont-ils en commun ? Quelle est l'importance de l'estime de soi ? Les chrétiens devraient-ils se soucier de l'estime de soi ou y penser ? Vous est-il déjà arrivé qu'un professeur, un parent, un entraîneur ou une personne que vous respectez vous blesse dans votre dignité à travers leurs paroles ? Les adultes ont une responsabilité spéciale car leur influence peut déterminer l'estime de soi de l'enfant, puisque nous pouvons soit les édifier ou les détruire.

Explorez la Parole

Paul a beaucoup parlé de la nécessité d'avoir Dieu au centre de la famille chrétienne. Désignez quelques volontaires pour lire le passage biblique, faire une liste de tous les mots utilisés pour décrire de bonnes relations au sein de la famille.

Ephésiens 5.2 est le verset clef de ce passage. Quelles sont les formes d'abus ou d'incompréhension que rencontrent ceux qui prennent les versets suivants hors de leur contexte ? Avant de parler de la soumission d'une personne envers une autre, nous devons d'abord comprendre que tous les croyants doivent 'se soumettre les uns aux autres dans la crainte de Christ' (verset 21). Nous devons également reconnaître que toute soumission se fait dans le cadre de l'amour. Cet amour que nous exprimons les uns envers les autres est aussi fort que l'amour de Christ pour l'église quand il s'est donné pour elle.

L'amour est l'élément clé des relations entre mari et femme, parents et enfants, Christ et l'église. Ce passage atteste que l'amour que nous avons pour nos époux (ses), nos enfants ou notre prochain, est proportionnel à l'amour

NOTES

que nous avons pour nous-mêmes. Ce n'est pas de l'égocentrisme mais plutôt un sens de dignité de soi de nous voir juste comme Dieu nous voit. L'unité de la famille est comme l'unité de l'église. Comme tous les croyants sont membres d'un seul corps, ainsi, tous les membres d'une famille de croyants sont aussi des membres de ce même corps. Cette prise de conscience nous empêche de vouloir dominer, négliger ou abuser les membres de notre famille. Puisque nous ne maltraiterons pas notre propre corps, nous ne maltraiterons pas non plus ceux qui sont des extensions ou parties de notre corps.

Finalement, nous aimer nous-mêmes et aider ceux qui nous entourent à avoir une solide estime de soi et de la dignité, nous permettra de ressembler davantage à Christ (5.29-30). Ceux qui sont dotés d'une estime de soi saine sont disposés à être tout ce que Dieu veut qu'ils soient car ils ne se préoccupent pas de ce que le monde peut penser. Ils acceptent et aiment les autres parce qu'ils s'aiment et s'acceptent tel qu'ils sont. Etes-vous engagé à enseigner à vos enfants le vrai sens de l'estime de soi ? Si oui, cela se reflètera à travers vos paroles. Vous utiliserez des expressions comme 'beau travail, mon fils !' 'Merci, mon chéri. C'était très bien pensé de ta part'. Des mots qui harcèlent votre enfant sont des choses comme 'Je te l'ai dit une centaine de fois !' 'Pourquoi ne peux-tu rien faire de bon ?' Ces paroles démoralisent votre enfant plus vite que des mots gentils ne l'édifient.

Exercez votre foi

Passez vos moments de loisirs avec votre famille cette semaine. Programmez un moment durant la soirée où la Bible sera lue à haute voix et encouragez vos enfants à poser des questions. Posez à chacun une question bien précise sur sa journée et comment il se sent. Chaque membre de votre famille s'engage-t-il à opter pour un langage positif qui édifie au lieu de détruire autrui ?

LEÇON 40

Chercher Dieu dans une forme humaine

NOTES

Passage biblique

Actes 14.8-20

Parole de vie

Actes 14.15

Examinez votre vie

Demandez à votre classe de faire une liste des personnes qui ont actuellement beaucoup de pouvoir et d'autorité, qu'ils soient des chefs politiques, religieux ou des responsables sociaux. Comment ces personnes ont-ils obtenu ce pouvoir et cette autorité ? Quelles sont les conséquences positives et négatives de ces grandes foules qui suivent ces leaders ? Pensez-vous que les gens cherchent à suivre un leader puissant ? Quelle est l'importance de la vérité et de l'intégrité pour ceux qui recherchent un tel leader ?

Explorez la Parole

Paul et Barnabas voyageaient partout pour prêcher la Bonne Nouvelle. Certains croyaient en leur message tandis que d'autres non. Pendant que Paul prêchait à Lystre, il vit un paralytique et perçut qu'il avait la foi pour être guéri. Paul l'appela et le mit debout sur ses jambes et l'homme se mit à sautiller et marcha. La foule n'avait jamais vu pareil miracle, alors ils supposèrent que Paul et Barnabas étaient des dieux ayant pris une forme humaine et voulurent leur offrir des sacrifices et les adorer. Discutez cette question : d'après vous, comment réagiraient les hommes de votre quartier si quelqu'un venait y opérer des miracles ? Croiraient-ils davantage en Dieu ou seraient-ils plus disposés à adorer la personne qui a opéré les miracles ?

Paul et Barnabas étaient horrifiés de voir que la foule tentait de les adorer quand ils leur ont parlé de Christ. Ils déchiraient leurs habits en guise de deuil et de désarroi, quelque chose que leurs dieux n'auraient jamais fait, le peuple le savait bien. Paul profita de l'occasion pour prêcher de nouveau la Bonne Nouvelle afin de persuader la foule d'avoir foi en un seul vrai Dieu. Dans ce message, Paul décrit quelques-uns des signes que Dieu a mis dans le monde afin de fixer l'attention des hommes sur lui. Lisez les versets 15-17 et citez les

NOTES

évidences sur Dieu que tous les peuples devraient être en mesure de distinguer. Discutez : lequel de ces signes est susceptible d'amener les gens de votre quartier à comprendre qu'il n'existe qu'un Dieu ? Y aurait-il parmi ces choses une qui, lorsqu'elle leur est présentée, prépare les hommes à accepter l'histoire de Jésus-Christ ? Un seul d'entre ces signes pourrait-il détourner les hommes de Dieu ?

Même après ce sermon, Paul et Barnabas avaient des difficultés à empêcher la foule de les adorer. Cependant, lorsque des Juifs qui avaient rejeté le message de Christ arrivèrent à Lystre, ils convainquirent la foule que non seulement Paul et Barnabas n'étaient pas des dieux mais qu'ils méritaient la mort. La foule lapida Paul, puisqu'il était l'orateur et le laissèrent pour mort. Ceux qui étaient devenus croyants se réunirent autour de Paul et finalement il se leva et s'en retourna en ville. Le jour suivant, Paul et Barnabas allèrent prêcher la Bonne Nouvelle dans une autre ville, appelé Derbe. Question : quelle est votre réaction habituelle face à la persécution et aux difficultés ? Vous encouragent-elles à continuer de servir le Seigneur et à témoigner pour lui ou avez-vous tendance à remettre en question la protection de Dieu envers vous ?

Exercez votre foi

Pouvez-vous parler des 'ponts' dans votre quartier ou dans votre culture qui vous donnent une ouverture pour parler aux autres de Dieu et de sa Bonne Nouvelle du salut par Jésus-Christ ? Comment pouvez-vous, en tant qu'individus ou classe, utiliser cela comme des opportunités à saisir pour partager l'Evangile ? Existent-il des personnes qui sont adorées ou traitées comme des dieux ? Allez encourager les personnes à suivre Jésus-Christ et non une personne qui se prend pour un dieu. Partagez l'Evangile avec quelqu'un et montrez-lui la présence de Dieu dans tout ce qui l'entoure.

LEÇON 41

Chercher Dieu en soi-même

NOTES

Passage biblique

Genèse 11.1-9

Parole de vie

Colossiens 2.8

Examinez votre vie

Avez-vous déjà entendu dire : 'cherchez à être le numéro un' ? 'Occupez-vous d'abord de vous-mêmes, les autres après' ? Quels sont les slogans publicitaires qui encouragent l'égoïsme ? En connaissez-vous qui invitent à l'union ou au travail de groupe ? Nous vivons dans un monde plus intéressé par la garantie d'un confort et la résolution personnelle des problèmes que par le fait de savoir si oui ou non nous blessons les autres.

Explorez la Parole

L'histoire de la Tour de Babel est un exemple qui montre comment les hommes veulent tout résoudre d'eux-mêmes. Ils veulent être comme Dieu; ainsi, ils pensent qu'ils peuvent bâtir une tour jusqu'au ciel pour se faire un nom aussi. Lire Genèse 11.1-8 et trouvez les trois caractéristiques qui résument cette idée. Premièrement, c'était une ère de communication où tout le monde parlait la même langue (verset 1). Deuxièmement, la tour serait le résultat de leurs propres efforts (versets 3-4). Ils avaient la technologie et le savoir pour bâtir la tour par eux-mêmes. Enfin, c'était une quête d'honneur et d'immortalité (verset 4b). Ils voulaient se faire eux-mêmes un nom qui resterait à jamais dans l'histoire.

Les tours sont des testaments de la créativité humaine et de nos efforts pour devenir plus importants que la vie, être remarqués, vivre dans la mémoire des hommes et c'est ce que ces peuples voulaient faire. Nous sommes émerveillés à l'idée de ce que nous sommes capables d'accomplir si 'nous nous concentrons réellement'. Bien que Dieu désire que nous soyons créatifs et utilisons les talents et le savoir qu'il nous a donnés, nous devons bien faire attention à ne pas atteindre un seuil où nous imaginons que nous pouvons agir sans Dieu. Discutez : par quels moyens essayons-nous d'agir seuls en nous

NOTES

basant sur nos talents, la communication, l'éducation, la connaissance, l'expérience et l'ambition ? Avons-nous construit des 'tours' pour nous faire un nom ou impressionner les autres ?

Même si les habitants de Babel pensaient bâtir une tour qui irait jusqu'au ciel, Dieu 'descendit' pour la voir. Qu'apprenons-nous sur la grandeur de nos efforts quand nous essayons de faire une chose sans l'y inclure ? Que voit Dieu quand il 'descend' pour sonder notre vie ? Voit-il l'arrogance de notre suffisance ? Combien de fois, face à certaines situations, nous sommes-nous dit : 'c'est bon, mon Dieu, je peux le résoudre tout seul d'ici' ! Quels résultats obtenons-nous après avoir fait cela ? L'histoire de Babel est une continuation du désir charnel de l'homme d'être 'dieu'. Y a t-il une chose dans votre vie qui vous incite à agir seul, dans le but de vous faire un nom ? Dieu a vu que l'habileté à communiquer facilement les uns avec les autres débouche sur une grande arrogance et sur le péché, donc, il confondit les langues des peuples. Cela eût pour conséquence d'interrompre le projet de construction à Babel, mais comment la diversité des langues nous affectât-elle ? Devons-nous travailler plus dure pour communiquer ou sommes-nous tentés de considérer notre langage comme sacré ?

Exercez votre foi

Vous appuyez-vous sur vous-mêmes ou sur Dieu ? Etes-vous une personne suffisante, indépendante ? Nous ne devons pas nous asseoir paresseusement et attendre qu'il fasse tout, mais il attend de nous que nous dépendons de lui. Nos efforts devraient être destinés à le glorifier et à l'honorer plutôt qu'à nous faire un nom. Comment pouvons-nous trouver l'équilibre entre notre responsabilité professionnelle et le service du Seigneur dans une dépendance quotidienne ? Cette semaine, pratiquez la dépendance dans le Seigneur pendant que vous le servez.

LEÇON 42

Chercher Dieu dans la sagesse humaine

NOTES

Passage biblique

1 Corinthiens 1.18-31

Parole de vie

1 Corinthiens 1.30-31

Examinez votre vie

Selon vous, quelles sont les plus grandes découvertes technologiques de ce dernier siècle ? Vivons-nous mieux grâce à ces découvertes qu'il y a cent ans ? Souhaitez-vous être plus instruits ? Pensez-vous qu'une personne puisse être trop instruite ? Avez-vous déjà vu une personne qui, pour avoir reçu 'trop de connaissances', est devenue si sûre d'elle qu'elle nie l'existence de Dieu ? La leçon d'aujourd'hui nous montre que parfois, la connaissance peut être une fausse religion.

Explorez la Parole

Lisez 1 Corinthiens 1.18-31. Question : Paul réprimande-t-il les hommes parce qu'ils cherchent la connaissance, l'érudition ? Certainement pas. Aller à l'école, lire des livres, s'instruire n'est pas une mauvaise chose. Le souci de Paul, ce n'est ni la connaissance ni le savoir, mais l'orgueil qui naît de la connaissance et l'arrogance de la sagesse qui caractérisent 'les disputeurs de ce siècle' (verset 20). La connaissance devient un problème quand nous nous appuyons sur notre propre connaissance et non sur Dieu. Tout ce que nous mettons à la place de Dieu est une 'idole'. En effet, une connaissance trop poussée peut avoir des conséquences aussi bien négatives que positives. Dans quels domaines la connaissance sert-elle l'humanité ? Les découvertes dans le domaine de la médecine et de la science ont sauvé des vies et amélioré les conditions de vie de nombreuses personnes. L'éducation nous permet de surmonter beaucoup de superstitions et de peurs.

Néanmoins, la connaissance peut être un faux dieu car parfois, nous nous laissons abuser par une philosophie d'armes de destruction massive, la pollution de l'air et de l'eau. De plus, la connaissance ne repose sur aucune éthique, nous laissant libres de faire des choses qui vont à l'encontre de la morale. Nos connaissances de la technologie progressent très rapidement. Ainsi, elle est facilement remplaçable par d'autre chose de 'nouveau et d'amélioré', de 'mieux'. Dieu ne meurt jamais et il n'existe rien de 'mieux' que sa Bonne Nouvelle.

NOTES

Discutez : dans quelles mesures les non-croyants de votre quartier considèrent-ils le christianisme comme une folie ? Par quels moyens les personnes instruites essaient-elles de convaincre les autres que la foi en Dieu est une vieille superstition ? Nos écoles encouragent-elles les jeunes à chercher Dieu ou alors tentent-elles de les convaincre que 'les personnes intelligentes et instruites' n'ont pas besoin de 'ces mythes et légendes' ? Comment Dieu utilise-t-il les choses minimes, faibles et méprisées de la terre pour rabaisser le sage ?

Nous ne pouvons pas obtenir le salut par la raison. Nos propres connaissances et capacités ne pourront jamais payer la pénalité de nos péchés. Même si la création et la nature attestent de l'existence et de la bonté de Dieu, elles ne peuvent cependant, pas nous conduire dans la foi en Jésus-Christ. L'intervention de Dieu est nécessaire pour apporter le salut et nous enseigner comment retourner à lui. Il est de notre responsabilité d'entrer dans la vie des autres pour partager ce message avec eux.

Exercez votre foi

Etes-vous fiers de vos connaissances ? Etes-vous fiers de ce que vous avez accompli dans cette vie ? Dieu vous a donné l'intelligence et la faculté d'en user. Utilisez-la pour le glorifier, non pour vous glorifier. Servez-vous en autour de vous pour bâtir son royaume, non le vôtre.

LEÇON 43

Chercher Dieu dans les évènements des derniers temps

NOTES

Passages bibliques

1 Thessaloniciens 4.13-18 ; 2 Thessaloniciens 1.3-10

Parole de vie

Actes 1.11

Examinez votre vie

Ne pensez-vous jamais à la fin du monde ? D'après ce que vous avez entendu, à quoi ressemblera-t-elle ? Pensez-vous que ces scénarii soient une réelle possibilité ? Comment réagissez-vous face aux prédictions qui fixent la fin du monde à telle ou telle date ? Quelle doit être la réaction des chrétiens face à de telles nouvelles ? Qu'est-ce qui fait la singularité du christianisme comparée aux autres religions ?

Explorez la Parole

La grande espérance chrétienne que Jésus reviendra n'est pas prendre ses désirs pour des réalités. De nombreuses personnes de l'église primitive espéraient que Jésus reviendrait pendant qu'ils étaient sur terre. Certains pensent actuellement la même chose. Nous savons que Jésus reviendra mais nous ignorons quand. Nous devons simplement être prêts à tout moment et prendre courage dans cette connaissance tout comme nous savons que ceux que nous aimons quitteront cette vie ici- bas.

Lisez 1 Thessaloniciens 4.13-18. Paul écrivait pour consoler les croyants de Thessalonique qui craignaient que ceux qui étaient déjà morts ne manquent le retour glorieux de Jésus-Christ. Il leur rassura que ces croyants qui étaient morts et ceux qui seront encore en vie au retour de Jésus-Christ seront ensemble avec le Seigneur pour toujours. C'est ainsi que les chrétiens affrontent avec espérance la mort et celle des leurs. Oui, nous pleurons notre perte mais nous sommes consolés par la certitude qu'elle est temporaire. Discutez : comment ces paroles t'aident-elles à affronter différemment la mort que tes proches non croyants ? Comment nous consoler les uns les autres par les paroles de

Paul adressées aux Thessaloniciens (verset 18) ? Comment devrions-nous réagir si de 'faux prophètes' prédisent le temps et le jour de la venue de Jésus-Christ ?

Lisez 2 Thessaloniciens 1.3-10. Dans cette lettre, Paul adresse encore des paroles de consolation aux croyants de Thessalonique. Cette fois-ci, il aborde la question de la récompense et du jugement. A la fin des temps, Dieu récompensera le fidèle pour sa persévérance et sa foi et châtiera celui qui l'a rejetée. Parfois, le découragement accable les chrétiens lorsqu'ils souffrent de la persécution et voient leurs voisins pécheurs prospérer. Nous sommes tentés de croire que Dieu n'est pas conscient de ce que nous traversons parce que sinon il mettrait sûrement fin à la persécution. Paul encourage les croyants à avoir confiance en la sagesse de Dieu, en son temps et en sa justice.

Divisez la classe en deux groupes. Demandez à un groupe de relire les passages bibliques d'aujourd'hui et de citer toutes les choses positives que Paul a dites sur les croyants. L'autre groupe fera la même chose mais notera tout ce que Paul a dit au sujet des non croyants. Chaque groupe présentera son rapport et discutera de la manière dont ces choses affectent notre vie quotidienne. L'importance de partager l'évangile avec les non croyants est-elle claire maintenant ?

Exercez votre foi

Connaissez-vous une personne qui fait face à une destruction éternelle ? Avez-vous récemment partagé cette exaltante nouvelle de la grâce salvatrice de Jésus-Christ avec une autre personne ? En tant qu'enfants du Roi, vous avez le devoir de partager l'évangile avec le monde qui est entrain de mourir. Nous n'avons pas besoin de faire peur aux hommes dans le royaume de Dieu, mais la réalité de la fin du monde est bien réelle. Efforcez-vous d'aimer vos familles, amis et voisins dans le Royaume. C'est la façon la plus efficace de partager Christ.

NOTES

LEÇON 44

Les compagnons de l'évangile

NOTES

Passage biblique

Actes 13.1-12

Parole de vie

Actes 13.2

Examinez votre vie

Avez-vous quelqu'un dans votre vie avec qui partager vos luttes ? Préférez-vous enfouir vos combats et vos échecs tout au fond de vous-mêmes ou essayez-vous de trouver quelqu'un pour vous aider à les affronter ? Que signifie pour vous le mot 'redevable' ? Etes-vous redevable (rendre compte) de votre employeur, de votre épouse, de votre église ou de quelqu'un d'autre ?

Explorez la Parole

L'église d'Antioche, à ce qu'il semble, a été la première à envoyer intentionnellement des missionnaires. Elle nous a beaucoup appris sur le ministère et le service dans le royaume. Lisez Actes 13.1-3 et indiquez les étapes que l'église a traversées avant d'envoyer Barnabas et Saul. Les prophètes et les docteurs adoraient ensemble l'Eternel et jeûnaient. Alors qu'ils adoraient, le Saint-Esprit leur inspira de mettre Barnabas et Saul à part pour l'œuvre à laquelle il les avait préparés. Lorsque les chefs imposèrent les mains à Saul et Barnabas pour les mandater et les envoyer en mission, ils jeûnèrent et prièrent tous. Il était clair qu'il y avait une grande unité d'esprit et de pensée parmi ces prophètes de Dieu. Même si seuls Barnabas et Saul partaient en voyage, c'était comme s'ils se sentaient tous concernés et investis dans ce ministère.

Barnabas était plus fortifié que Saul et était son aîné dans la foi. Quelques années auparavant, alors que d'autres croyants avaient encore peur de Saul ou étaient en colère contre lui parce qu'il persécutait les chrétiens, il s'était rendu à Tarse pour le chercher et le ramener à Antioche pour qu'ils travaillent ensemble. Barnabas était réputé être 'le fils de l'encouragement', car il cherchait toujours des opportunités pour encourager ou édifier les autres. Après un an passé à œuvrer ensemble, le Seigneur les envoya tous deux propager l'évangile de Jésus-Christ chez les Gentils, en se soutenant mutuellement.

Barnabas et Saul prêchaient la parole de Dieu dans les synagogues au cours de leurs voyages à travers Chypre. Arrivés dans la ville de Paphos, ils rencontrèrent cependant un sorcier et de faux prophètes qui leur firent opposition pour empêcher le proconsul (le chef de la ville) de croire. Rempli par le Saint-Esprit, Saul (connu aussi sous le nom de Paul) annonça le jugement de Dieu sur le sorcier lui faisant savoir qu'il deviendrait temporairement aveugle et tout se produisit comme il l'avait annoncé. Quand le chef de la ville vit ce qui était arrivé, il crut car il était étonné de ce qu'il apprenait sur le Seigneur.

Voici un sujet de discussion : Avez-vous déjà souhaité prononcer un jugement du ciel sur les non croyants qui sont autour de vous ? Pour quelle raison, selon vous, Dieu ne frappe-t-il pas immédiatement les pécheurs ? Pensez-vous que ce soit une bonne/ mauvaise chose que de pratiquer cette forme d''évangélisation de la puissance' ? Comment cela peut-il s'accorder avec un évangile d'amour et de paix ? Il est clair que c'était une situation exceptionnelle. La peur n'est pas un bon outil d'évangélisation à long terme (Voir l'histoire d'Elie et Apocalypse).

Exercez votre foi

Devenir responsable est le principal moyen de grandir dans le Seigneur et de collaborer avec d'autres chrétiens. Il existe deux types de relations responsables pour vous aider dans votre croissance spirituelle. D'abord, trouver comme mentor un chrétien en croissance, mature en plus qui se chargera de votre formation de disciple et vous initiera à la responsabilité. Ensuite, trouvez un chrétien plus jeune dans la foi et proposez-lui de devenir son mentor. Soyez ouvert et honnête l'un envers l'autre, priant ensemble et intercédant l'un pour l'autre durant toute la semaine.

NOTES

LEÇON 45

Heureux désaccord !

NOTES

Passage biblique

Actes 15.36-41

Parole de vie

Romans 12.16a

Examinez votre vie

Pensez-vous que les chrétiens devraient tergiverser entre eux ou être en désaccord ? Nous savons tous que cela arrive mais est-ce normal ? Vous est-il déjà arrivé de polémiquer rigoureusement avec un frère ? Vous vous êtes peut-être même opposé à une décision de votre pasteur ! Comment avez-vous résolu le problème ? Selon vous, tout s'est-il bien passé ou regrettez-vous que le problème ne fût pas résolu dans le calme et la paix, sans aucune mauvaise conséquence ? Aujourd'hui, nous découvrirons comment deux hommes de Dieu résolvent leur désaccord.

Explorez la Parole

Comme nous l'avons vu la semaine passée, Barnabas et Saul (Paul) étaient des compagnons dans le ministère, oeuvrant ensemble et partageant la parole de Dieu avec les non croyants. Après être retournés à Antioche et avoir séjourné pendant un certain temps là-bas, Paul suggéra à Barnabas de retourner aux endroits qu'ils avaient déjà visités, pour s'assurer que tout allait bien. Barnabas fut d'accord et voulut que Jean Marc soit de nouveau avec eux pour ce deuxième voyage. Paul ne voulait pas que Jean Marc les accompagne parce qu'il leur avait faussé compagnie lors du premier voyage.

Lisez Actes 15.36-41 et suivant et décelez à quel niveau se situe le désaccord entre Paul et Barnabas. Quelle était la source du désaccord ? Quelle solution avaient-ils trouvée ? Selon vous, leur solution était-elle appropriée ou déraisonnée ? Qu'auriez-vous fait si vous étiez à la place de Paul ? Et à la place de Barnabas ? Quelle leçon tirons-nous de cette situation ?

Il est important de noter que Luc, l'auteur des Actes, ne rapporte aucune implication de Dieu dans cette situation. Qu'est-ce que cela veut dire selon vous ? Est-ce une omission significative ? Avec cette insistance sur l'église

NOTES

primitive en prière, il est hautement improbable qu'ils n'aient pas prié avant de prendre une décision aussi importante. Ce qui semble plus probable, c'est qu'ils n'aient reçu aucune instruction divine. Puisque l'issue du désaccord fut l'existence de deux équipes en mission au lieu d'une seule, ce qui doublait le ministère, le Seigneur honora leur désir de le servir et tourna la situation à l'avantage de l'église. Aussi, Paul commenta plusieurs années plus tard comment il s'appuyait sur Jean Marc. Ainsi, nous sûmes qu'aucun des deux n'avait gardé rancune contre l'autre au sujet de ce désaccord.

Nous pouvons apprendre certaines choses de ce désaccord entre Paul et Barnabas et probablement sur nous-mêmes si nous examinons cette situation. L'attention de Paul était fixée sur l'importante tâche qui lui avait été confiée de prêcher l'évangile aux Gentils. Barnabas, de l'autre côté, était préoccupé par les hommes et les relations. Pour lui, l'homme était le fondement de toute œuvre. Nous devons prendre conscience que la façon dont nous analysons les situations est fonction de notre focalisation et il n'y a ni 'vraie' ni 'fausse' solution. Les chrétiens ne s'entendent pas forcément en toute chose ; mais nous devons être en désaccord dans un bon esprit.

Exercez votre foi

Y a t-il des différends entre vous et vos amis croyants ? Avez-vous une fois mis quelqu'un en quarantaine parce que vous n'étiez pas d'accord avec lui ? Ce n'est pas la manière indiquée de résoudre un problème. Discuter dans le calme et trouver un terrain d'entente est essentiel ; même lorsque vous êtes en désaccord, soyez-le dans un bon esprit. Demandez au Seigneur de vous aider à trouver la sagesse dans ces moments de désaccord.

LEÇON 46

Une question de vie et de mort éternelles

NOTES

Passage biblique

Romains 5.12-21

Parole de vie

Romains 5.20b-21

Examinez votre vie

Pensez-vous souvent ou tout le temps au ciel ? La promesse du paradis influe-t-elle sur votre comportement de tous les jours ? Quand vous entendez les mots : 'vie éternelle', à quoi pensez-vous ? Qu'est-ce qui vous vient à l'esprit quand vous pensez au mot 'justice' ? D'après vous, comment serait le monde si Adam et Eve n'avaient pas péché ?

Explorez la Parole

Lire Romains 5.12-14. Discutez : qu'est-ce que le péché ? D'où vient-il ? Comment le péché s'infiltre-t-il dans notre vie de tous les jours ? Le péché est entré dans le monde par Adam et Eve (voir Genèse 1-3). La mort spirituelle est une séparation d'avec Dieu. Quel lien y a-t-il entre le péché et la loi ? Quelles significations donnez-vous aux deux commentaires ci-dessous : 'Sans la loi, le péché n'est pas pris en compte' et 'la mort règne depuis Adam jusqu'à Moïse'. Moïse avait été choisi par Dieu pour écrire ses lois qu'il destinait au peuple d'Israël. Cependant, les commandements de Dieu n'avaient pas besoin d'être écrits pour que sa création ait une bonne compréhension de sa nature et de ses lois. Dieu a donné à chacun une conscience et la nature nous enseigne beaucoup de choses au sujet de Dieu et de ses lois. Il est plus facile d'obéir à des lois que nous lisons ou entendons, mais le fait de ne pas connaître les Ecritures sacrées n'est pas une excuse pour ignorer ce qui est juste et ce qui est faux.

Lire Romains 5.15-19. Les conséquences du péché ont affecté tout individu, depuis Adam et Eve. La conséquence du péché est la mort et chacun mourra irréversiblement. Mais, même si la mort physique est une réalité permanente dans notre monde, la mort spirituelle n'est plus une certitude. Le don de Dieu recouvre les conséquences du péché. Jésus Christ offre la grâce à tous les hommes, le don de la vie éternelle n'est posssible que si nous l'acceptons. La grâce et la justice règnent dans chaque vie par un seul homme, Jésus-Christ. Comme Adam a représenté l'homme et apporté la malédiction du péché sur tous, Jésus, le juste et le saint fils de Dieu est devenu le 'second' Adam pour apporter la vie à tous. Aucun motif venant de l'homme ne justifie la grâce accordée par Dieu et nous ne pouvons rien faire ni pour la mériter ni pour la déméritér. La seule chose que nous pourrons faire pour mériter ce don est de donner notre vie à Christ et lui permettre d'avoir le contrôle total sur nous.

Interrogez : qu'est-ce que cela signifie pour nous ? Ceci signifie-t-il que nous sommes automatiquement sauvés ? (Non ! Nous devons croire et recevoir le don du salut.) Sommes-nous justes à cause de nos témoignages ? (Non ! Notre justice est un don de Dieu et notre vie doit être le reflet de notre témoignage de la grâce divine.)

Lire Romains 5.20-21. Pourquoi la loi vient-elle s'ajouter à la grâce ? Est-ce à dire que Dieu veut que nous péchions afin qu'il déverse sa grâce sur nous ? Dieu ajoute la foi pour que nous reconnaissions plus facilement ce qui est péché et ce qui ne l'est pas. Le but est de mettre en évidence le péché afin que nous l'évitions. Lorsque nous continuons délibérément à pécher, juste parce que nous pensons pouvoir toujours demander pardon, alors nous endurcissons notre cœur et considérons comme vain le sacrifice de Jésus-Christ sur la croix

Exercez votre foi

Vivez-vous de manière à ce que quiconque voit votre joie sache que c'est parce que vous avez la vie éternelle en Jésus-Christ ? Avez-vous partagé cette bonne nouvelle avec un(e) proche ? Votre vie reflète-t-elle votre respect et appréciation du don du salut ? Lequel règne dans votre vie, le péché ou la grâce ? Cette semaine, demandez au Saint-Esprit de sonder votre cœur et de purifier vos intentions.

NOTES

LEÇON 47

Plus que vainqueurs !

NOTES

Passage biblique

Romains 8.28-39

Parole de vie

Romains 8.37

Examinez votre vie

Vous est-il déjà arrivé de ressentir un échec spirituel ? Quand vous vous heurtez à des obstacles dans votre marche spirituelle, avez-vous justement eu envie de tout laisser tomber ? Avez-vous l'impression d'avoir fait quelque chose de tellement mauvais que même Dieu ne pourrait ni vous pardonner ni vous aimer ? Avez-vous déjà vécu une situation en tant que chrétien où vous n'imaginiez pas que quelque chose de bon puisse en sortir ?

Explorez la Parole

Lisez Romains 8.28-30. Question : que nous disent ces versets à nous chrétiens ? Avons-nous le droit de penser que tout ce qui nous arrive est bien ? D'abord, nous remarquons que Dieu œuvre pour le bien'en toute chose'. Tout n'est pas parfait, mais Dieu peut œuvrer *dans* tout. Ensuite, nous apprenons que Dieu œuvre pour le bien de 'ceux qui l'aiment'. Nous savons que ce n'est pas tout le monde qui aime Dieu, ainsi cette promesse ne les concerne pas. Cette promesse est pour ceux qui l'aiment, ceux qui 'sont appelés' selon son plan de salut. Ces versets ne signifient pas que Dieu choisit uniquement de sauver certaines personnes ou œuvre seulement pour le bien de ceux qui sont appelés à exercer un ministère spécial ; cette promesse s'applique cependant à ceux qui ont répondu à son appel de salut. Les versets 29-30 indiquent que le 'bien' qui concoure en toute chose est lié à notre salut et à notre croissance spirituelle. Aussi, nous devons être des copies conformes ou façonnés à la ressemblance du Fils de Dieu.

Lisez Romains 8.31-36. Question : quelles sont les situations auxquelles nous faisons face et qui nous obligent à nous poser des questions sur notre salut et sur l'attention que Dieu nous porte ? Avons-nous subi une perte au cours de laquelle nous regrettons que Dieu n'ait pas pu nous protéger ou protéger ceux que nous aimons ? Dieu a-t-il déjà refusé d'œuvrer en notre faveur dans une situation précise ? Qu'est-ce que cela signifie pour nous chrétiens ? Paul dit : 'Si' Dieu est pour nous. Nous sommes-nous déjà demandé si Dieu n'était pas peut-être pour nous ? Ce que Paul veut réellement dire, c'est que Dieu est avec tous ceux qui ont répondu à son appel au salut, donc, peu importe qui est contre nous- et il y aura des personnes, des événements et situations qui seront contre nous- dans la perspective de l'éternité, ces choses n'ont aucune importance. Elles n'auront pas d'effets négatifs durables sur nous ou sur notre relation avec Dieu.

Lisez Romains 8.37-39. Question : avez-vous déjà remporté la victoire sur quelque chose ou quelqu'un qui essayait de vous séparer de Dieu ? Citez les suggestions de Paul qui pourraient nous amener à penser que nous sommes séparés de l'amour de Dieu : la mort, la vie, les anges, les démons, le présent, le futur, la puissance, la hauteur, la profondeur, toutes les choses de la création. Laquelle de ces choses constitue une réelle menace pour notre foi ? Quelle indication donne ce passage biblique sur la façon dont nous devons réagir face aux menaces spirituelles ?

Exercez votre foi

Vous avez la victoire en Jésus-Christ. Vivez-vous de façon victorieuse comme des conquérants spirituels ou marchez-vous dans la défaite spirituelle, en vous plaignant de tout ce qui va de travers dans votre vie ? Prenez un moment pour méditer tranquillement et examiner votre cœur et votre force spirituelle. Demandez à Dieu de vous montrer des aspects de votre vie où il veut vous donner la victoire si vous le laissez faire. Durant cette semaine, regardez autour de vous et repérez des choses qui suscitent votre reconnaissance et des aspects de votre vie où Dieu vous aide à triompher. Elles ne seront pas faciles à trouver de prime abord, mais n'oubliez pas de prendre en compte les moindres détails. La reconnaissance vous aidera à améliorer votre attitude et perspective sur la vie.

NOTES

LEÇON 48

Que le fort soutienne le faible !

NOTES

Passages bibliques

Romains 14.1–15.14

Parole de vie

Romains 14.13

Examinez votre vie

Vous considérez-vous comme un chrétien fort ou faible ? Que pensez-vous de ceux que vous voyez 'chuter' ? Pensez-vous qu'ils ne sont pas fermes dans leur foi ? Qui pouvez-vous qualifier de chrétien 'fort' dans votre église ou sur qui vous pouvez prendre exemple spirituellement ? Avez-vous l'impression que les hommes examinent votre vie pour voir si vous agissez entièrement comme un chrétien 'devrait agir' ? Parfois, nous nous surprenons peut-être à penser et à agir comme si nous étions supérieurs aux autres chrétiens ou aux non chrétiens. Cependant, ce sentiment de supériorité indique probablement une immaturité spirituelle.

Explorez la Parole

Le passage biblique de ce jour est plutôt long ; alors, faites le tour de la classe pour demander à chacun de lire plusieurs versets jusqu'à la fin. Paul donne des instructions claires sur l'attitude des croyants les uns envers les autres quant à la foi et au comportement.

Premièrement, nous avons l'obligation d'accepter et de soutenir ceux qui sont faibles dans la foi, sans discuter sur les opinions (14.1, 15.1). Cela indique qu'il y a des problèmes dans la vie qui n'ont pas qu'une seule façon 'chrétienne' de les résoudre. Pour les Romains, savoir s'il fallait ou non manger de la viande était un sérieux problème pour certains croyants car une grande part de la viande disponible était sacrifiée aux idoles. Quelles sont les questions qui suscitent des polémiques dans votre église (par exemple, êtes-vous contre la question de l'habillement approprié ou des styles d'adoration) ? Romains 13.8-10 nous expose le fondement de nos interactions avec d'autres croyants. Toutes nos actions doivent être fondées sur l'amour. L'amour ne condamne, ni ne cause du tort. Bien au contraire, tout ce que l'amour fait ou dit est pour le

NOTES

bien d'autrui. Nos paroles ne doivent être ni des obstacles, ni des pierres d'achoppement sur le chemin d'un frère croyant.

Deuxièmement, veillons avec soins à ne pas juger les autres croyants. Chaque croyant est un serviteur de Christ qui est le seul juge. Cependant, nous avons la responsabilité de faire des disciples et d'enseigner les nouveaux croyants. Discutez de cette question : comment s'acquitter de cette responsabilité sans juger ? Une fois de plus, nous devons nous assurer que nos intentions relèvent de l'amour et de l'encouragement. Recherchons ce qui contribue à la paix et à l'édification mutuelle (14.19). La paix renferme un concept d'unité et d'harmonie. Cela ne signifie pas que nous devrions éviter tout désaccord uniquement dans le seul but d'empêcher les conflits apparents et faire semblant d'être d'accord sur tout. Pourtant, tout doit reposer sur l'amour. Faisons une introspection pour voir si nos motivations ne sont pas liées à un esprit négatif, à une mauvaise attitude ou à une intention égoïste, avant de soulever une question quelconque. Les résultats pour chacun devraient être l'édification, l'encouragement ou le raffermissement spirituel. S'il en résulte que quelqu'un et spécialement un nouveau croyant est anéanti, découragé ou spirituellement abattu, alors, nous n'avons pas fait ce qui est juste aux yeux de Dieu.

Exercez votre foi

Connaissez-vous des croyants dans votre église qui combattent pour leur croissance spirituelle ? Existe- t-il des problèmes qui font naître des barrières entre les fidèles ? Examinez votre parcours spirituel. Avez-vous besoin d'aide pour votre édification personnelle ? Vous croyez-vous suffisamment mature spirituellement pour faire des disciples ? Demandez à votre pasteur de rencontrer les membres de la classe pour trouver ensemble des moyens d'édifier les autres. Pendant la semaine, priez et demandez à Dieu de vous raffermir, afin que vous puissiez fortifier les autres.

LEÇON 49

Une lumière brille au sein des ténèbres

NOTES

Passages bibliques

1 Jean 1.5–2.11

Parole de vie

1 Jean 2.9

Examinez votre vie

Vous rappelez-vous du moment où le Seigneur vous a arraché de votre vie de péché ? Est-ce progressivement que vous êtes parvenus à la vérité de l'évangile et à accepter Jésus comme Seigneur ou l'aviez-vous acceptée immédiatement après l'avoir entendue ? A quelle vitesse avez-vous été capables de vous détourner de votre vie de péché ? Y avait-il des péchés qui étaient plus difficiles à surmonter que d'autres ? Comment vous sentiez-vous en combattant pour vous départir de cette habitude que vous saviez mauvaise ? Dans cette situation, les autres croyants sont-ils une aide ou une entrave ?

Explorez la Parole

Lisez 1 Jean 1.5-7. Discutez : comment Jésus-Christ nous sert-il de lumière dans notre vie de tous les jours ? Comment pouvons-nous savoir si nous marchons dans la lumière de Jésus ? De quelles façons les croyants peuvent-ils continuer à marcher dans les ténèbres ? Est-il possible de marcher en même temps dans les ténèbres et dans la lumière ? Y a t-il possibilité de grandir dans la grâce et la connaissance de cette manière ? Que signifie pour les gens : 'marcher dans la lumière' ? Comment la communion fraternelle peut-elle aller de pair avec la marche dans la lumière ?

Posez la question : est-il possible d'être sans péchés ? Lire 1 Jean 1.8, 2.6. Quelles sont les trois catégories de pécheurs que ce passage mentionne ? D'abord, il y a ceux qui proclament qu'ils sont sans péchés. C'est ceux qui affirment qu'ils n'ont jamais péché. Nous savons que c'est un mensonge parce que la Bible enseigne que 'tous ont péché et sont privés de la gloire de Dieu' (Romains 3.23). Ensuite, il y a ceux qui confessent leurs péchés et reçoivent le pardon. Cela inclut la confession initiale qui nous mène vers une relation de pardon avec Jésus-Christ, et la relation continue avec lui par le fait d'apporter devant lui toutes nos iniquités tout le long de notre marche chrétienne. Il y a ceux qui 'marchent dans la lumière'. Enfin, il y a ceux qui pèchent intentionnellement, parce qu'ils n'ignorent pas les commandements de Christ.

Discutez : quel est l'intérêt de nos relations avec les autres croyants ? Lire 1 Jean 2.7-11. De quelle manière notre amour pour Christ passe-t-il dans notre amour pour les autres croyants ? Quel est le commandement nouveau et ancien de Jean ? Quelles sont les implications de ce commandement : 'aimons tous nos frères' ? Comment les ténèbres peuvent-elles nous rendre aveugles ?

Avez-vous de la haine en vous ? Haïssez-vous certains hommes pour des raisons raciales, ethniques, ou culturelles ? Si tel est le cas, vous errez encore dans les ténèbres. Lisez entièrement le passage et méditez sur toutes les choses que nous devons laisser derrière nous afin d'être dans la lumière. Discutez cette déclaration : « Si vous avancez vers la lumière, les ténèbres seront toujours derrière vous. »

Exercez votre foi

Est-il facile pour vous de marcher dans la lumière ? Vous croyez-vous toujours en conflit avec les ténèbres de vos anciens péchés ? Le chrétien que vous êtes devenu pense-t-il avoir fait quelque chose qui contredit les commandements que Dieu a donnés à ses enfants ? Avez-vous consacré pleinement votre vie à Jésus-Christ ? Y a t-il un domaine de votre vie que vous refusez de soumettre à Jésus-Christ ? Abandonnez entièrement votre vie au véritable Messie et marchez dans la lumière avec lui. Si tu penses à toi comme une 'lumière', à chaque chrétien comme une bougie, nous pourrons aisément voir qu'une douzaine de bougies donne plus de 'lumière' qu'une seule. En tant que communauté de croyants, comment pourrions-nous demeurer dans la communion fraternelle et le partage de la lumière de Jésus les uns avec les autres ? Comment travailler ensemble et apporter la lumière à nos semblables ?

NOTES

LEÇON 50

Nous ne sommes pas du monde

NOTES

Passage biblique

1 Jean 2.15-17

Parole de vie

1 Jean 2.17

Examinez votre vie

Discutez la phrase : 'Dans le monde mais pas du monde'. 'Le monde est-il mauvais ? Quelles sont les bonnes choses qui sont dans le monde ? Quelles sont les choses dans le monde que les chrétiens doivent éviter ? Quelles tentations affrontons-nous justement parce que nous sommes dans le monde ? Avez-vous été tentés de renoncer à votre foi chrétienne pour vous livrer aux plaisirs mondains ? Vous a-t-on déjà accusé d'être un 'mondain' ? Quelle a été votre réaction ?

Explorez la Parole

Lisez 2 Jean 2.15-17. Quelles sont les deux définitions du mot, 'monde' données dans la Bible ? Celle en Jean 3.16 fait référence à la bonne création de Dieu qui a été souillée par le péché, et que Dieu a tant aimé, qu'il envoyât son fils pour nous sauver. L'autre définition mentionnée ici signifie tout ce qui est opposé à Dieu et à la piété et qui indique les mauvais désirs et les tentations du monde. Si nous aimons et recherchons les plaisirs coupables, ainsi que le sexe, et si nous nous vantons de nos succès, nous faisons alors l'opposé du bien que le Seigneur a crée dans le monde.

Cela voudrait-il dire que nous ne devrions pas aimer les biens matériels et les plaisirs charnels ? Non ! Plutôt, nous ne devrions pas les rechercher au détriment de Christ. Nous devons constamment 'marcher dans la lumière'. Quand nous recherchons les richesses, nous ne marchons pas dans la lumière et nous pourrions éventuellement nous retrouver dans l'obscurité des ténèbres avant même de réaliser que notre lumière est en train de vaciller ou de s'éteindre.

Comment dépasser cette phase du combat entre notre amour pour le monde et notre amour pour Jésus ? En demandant à Dieu de nous remplir de

NOTES

son Saint-Esprit et de l'amour de Jésus-Christ jusqu'au point où il n'y aura plus de place pour autre chose. Telle est la sainteté, la pierre angulaire de l'église du Nazaréen. En Deutéronome 6, Dieu demande au peuple d'Israël d'être saint comme lui-même est saint. En 1 Pierre, l'auteur encourage l'église à être saint comme Dieu est saint. Vivre comme Jésus a vécu, une vie libérée de la nature du péché et entièrement consacrée à Dieu, c'est cela la sainteté. La sainteté est un mode de vie accompli par la présence et la puissance du Saint-Esprit. Il transforme notre manière de vivre pour nous façonner à l'image du Christ, nous amener à penser comme lui et orienter nos relations là où il le désire.

Lire encore 2 Jean 2.17. Si nous reconnaissons la vérité selon laquelle les choses de ce monde sont éphémères, alors nous serons probablement moins fascinés par elles. Certaines choses sont temporaires tandis que d'autres sont éternelles. Nous devons fixer notre attention sur les choses qui durent pour toujours. Il y a une forte probabilité que le monde nous tente, que nous désirions des choses qui ne sont pas bien, pourtant, nous avons le choix. Les plaisirs coupables du monde sont éphémères, ils ont une fin. Celui qui fait la volonté de Dieu vit éternellement.

Exercez votre foi

Etes-vous toujours attachés aux choses du monde ? Avez-vous le sentiment que vous menez une double vie, une vie d'amour pour Dieu mais en restant attaché à l'amour des choses du monde ? Vous ne pouvez pas aimer Dieu et continuer à vous livrer aux choses coupables du monde. Vous livrez votre cœur à une seule chose à la fois et abandonner votre cœur vous assurera la vie éternelle avec lui. Demandez à Dieu de vous montrer s'il y a une partie de votre cœur qui est sous le contrôle des choses du monde. Faites aujourd'hui même un choix : choisir l'amour qui dure à jamais.

Thème : Le vrai Messie

LEÇON 51

L'amour de Dieu manifesté en nous

NOTES

Passage biblique

1 Jean 3.11-24

Parole de vie

1 Jean 3.16

Examinez votre vie

Pouvez-vous vous souvenir d'un moment de votre vie pendant lequel vous vous sentiez entièrement aimé de vos proches, qu'il s'agisse de votre mari ou femme, de votre mère ou père, de votre sœur ou frère, de votre fils ou fille ou même d'un(e) ami(e) ? Avez-vous déjà ressenti l'immense amour de Jésus ? Savoir que quelqu'un d'important nous aime d'un amour inconditionnel fait-il une différence dans notre vie ?

Explorez la Parole

Dans justement quelques jours, nous célébrerons Noël. Pour les chrétiens, Noël n'est pas simplement un autre jour, c'est le jour où le Père a envoyé son fils dans le monde comme le plus grand don d'amour jamais fait. Ce don est plus important que tout ce que vous avez jamais reçu. Pourtant, l'amour de Dieu est souvent mal compris. D'aucuns s'imaginent qu'ils doivent le gagner, c'est pourquoi ils font constamment de bonnes œuvres afin de gagner l'amour de Dieu, craignant peut-être qu'il ne se mette en colère et ne les prive de son amour. D'autres tentent l'approche opposée et continuent de mal agir car ils savent que quoiqu'il arrive, Dieu les aimera toujours. Bien qu'il soit vrai que nous ne pouvons rien faire pour que Dieu nous aime plus ou moins, nous ne devons jamais traiter son amour avec mépris et continuer à pécher.

L'amour de Dieu revêt deux aspects dans notre vie. D'abord, il y a son amour qui est en nous. Ensuite, son amour pour les autres qui passe par nous. Son amour en nous, nous rend capables d'aimer les autres. Si nous avons l'amour de Dieu en nous, nous aurons de l'amour les uns pour les autres. Jean nous dit que nous pouvons connaître ce qu'est l'amour parce que Jésus Christ a donné sa vie pour nous. Il poursuit en disant que nous aussi, nous devons donner notre vie pour nos frères et sœurs (verset 16). Il n'est pas question que nous mourions au sens littéral du terme, mais nous devons mettre les besoins des autres avant les nôtres, nous devons aider les nécessiteux et témoigner de la compassion et de l'amour à ceux qui nous entourent.

Lisez 1 Jean 3.17-18. Que dit ce passage sur notre responsabilité envers les autres ? Comment aimer 'en action et avec vérité' ? Nous ne sommes pas appelés à aimer le prochain pour lui-même, mais pour nous-mêmes. Aimer un autre et penser à autrui avant de penser à nous-mêmes nous rend semblables à Jésus, notre seul objectif. Cela est bon pour nous et pour cette personne.

Lisez 1 Jean 3.19-24. Jean insiste sur l'importance de nos relations avec les autres, mais il parle également de notre relation personnelle avec Jésus Christ. Dans ces versets, il nous déclare que lorsque nous serons en étroite communion avec Christ, notre cœur sera sensible à la voix de son Esprit. Si nous agissons mal, l'Esprit nous convaincra dans notre cœur. Nous avons la possibilité d'avoir une relation ouverte et pleine d'amour avec Dieu. Le don d'amour que Dieu nous a offert est gratuit, mais nous devons être prêts à le partager avec d'autres.

Exercez votre foi

Vous est-il arrivé de détester une personne à cause de son passé ou de sa culture ? Aviez-vous l'habitude de juger les gens avant de les connaître réellement ? Cette semaine, apprenez à donner l'amour de Jésus Christ à une personne à qui vous n'adressiez pas la parole en temps normal. Vous accomplirez quelque chose de merveilleux pour la personne et de meilleur pour vous-mêmes.

NOTES

LEÇON 52

Celui qui est venu

NOTES

Passage biblique

1 Jean 5.1-12

Parole de vie

1 Jean 5.6

Examinez votre vie

Croyez-vous que votre président ou chef d'Etat existe, même si vous ne l'aviez jamais vu de vos propres yeux ? Croyez-vous qu'une chose telle que le vent existe même si vous ne l'avez jamais vu de vos yeux ? Croyez-vous que vous avez en vous un cœur qui bat même si vous ne l'aviez jamais vu ? De la même manière que nous croyons en l'existence du vent parce que nous le sentons ou que nous sentons notre cœur battre, nous pouvons ainsi croire au Fils de Dieu. Nous savons aussi que nous avons un leader dans notre pays parce que nous voyons les résultats de leur leadership, tout comme nous avons vu les résultats de Jésus-Christ dans notre vie et dans le monde.

Explorez la Parole

Noël marque le temps de la bonne volonté dans de nombreux pays. La célébration du don de l'enfant Jésus que Dieu a donné au monde est l'occasion pour les chrétiens de partager leurs bénédictions avec tous. Comment partagez-vous vos bénédictions avec les autres ?

Lire 1 Jean 5.1-5. Discutez au sujet de cette question: « quel rapport y a t-il entre l'amour et l'obéissance dans les Écritures ? Comment quelqu'un peut-il savoir s'il est réellement sauvé ? Quand quelqu'un croit en Jésus-Christ, il devient un enfant de Dieu. Quand une personne aime Dieu, elle obéit à ses commandements. En tant qu'enfants, nous aimons notre père et aussi les autres enfants de notre père. Nous aimons Jésus. Nous aimons tous les hommes. Quand quelqu'un aime Jésus, il obéit à ses commandements, et son commandement est de nous aimer les uns les autres. Cela semble pourtant très simple, mais en est-il ainsi, lorsqu'il s'agit de mettre en pratique une telle vérité chaque jour ? Est-ce que c'est si difficile pour nous d'aimer tous les enfants de Dieu ? Comment réussirons-nous à vaincre le monde par notre foi ?

NOTES

Lisez 1 Jean 5.6-12. Posez les questions suivantes : qu'est-ce qu'un témoignage ? Quelle importance revêt notre témoignage pour les autres ? Pourquoi Jean a-t-il parlé dans ses témoignages de Jésus et des choses qu'il a accomplies pour nous ? Comment pouvons-nous recevoir ce témoignage dans notre cœur ? Les choses sont-elles différentes aujourd'hui ? Pouvons-nous recevoir le témoignage de Dieu dans notre cœur et continuer d'être indifférents envers nos semblables ?

La bonne nouvelle est que si nous observons ces commandements, nous avons la victoire sur le monde. Cette victoire n'est possible que dans la mesure où nous croyons au fils de Dieu. Peut-être, vous pensez que cette victoire sur le monde est sans aucun intérêt. Vous aimez peut-être la vie dans le monde. Le monde engendre mort et destruction. Il suffit justement d'observer la communauté autour de vous. Votre voisin est-il alcoolique ? Votre communauté est-elle touchée par la pandémie du Sida ? Le monde offre des plaisirs qui créent la dépendance et la mort. Nous chrétiens, nous dépendons du fils de Dieu, nous trouvons la consolation et la victoire en lui, lorsque nous gardons ses commandements. Nous serons tentés, éprouvés face aux difficultés. Vivre en Christ ne nous épargne pas les combats de la vie. En fait, nous serons soumis à plus rudes tentations et épreuves que ne le seront certains. Pourquoi avons-nous choisi cette vie ? Parce que nous avons la promesse de la vie éternelle et de la victoire finale.

Exercez votre foi

Avez-vous médité sur le don de la vie éternelle par Jésus-Christ ? Croyez-vous en Jésus-Christ et êtes-vous nés de nouveau ? Votre vie témoigne-t-il de votre amour pour Dieu et pour tous les hommes ? Le témoignage du Saint-Esprit est-il réel dans votre vie ? Examinez-vous. Vivez-vous selon les commandements de Dieu ? Puisque l'année nouvelle commence, prenez l'engagement d'obéir au commandement de Dieu, qui est l'amour.

SOMMAIRE

LA FOI D'ÉLIE

Semaine 22 — Dieu pourvoit pendant la famine (Dieu prend soin de nous dans toutes les situations.)

Semaine 23 — La foi au milieu de la persécution (Devant l'adversité, gardons une foi sans faille.)

Semaine 24 — Dieu est prévoyant (Dieu satisfait tous nos besoins, dans n'importe quelle situation.)

Semaine 25 — L'injustice sera vaincue ! (Le malin sera vaincu, mais le Seigneur sera l'ultime vainqueur.)

Semaine 26 — La force pour persévérer (Si nous suivons Christ, nous connaîtrons le bonheur.)

MÉDITEZ SUR CES CHOSES

Semaine 27 — Es-tu un esclave ou un homme libre ? (La Bible transforme une vie, et elle est l'unique vérité qui conduit à la vraie liberté.)

Semaine 28 — Amenons toute pensée captive (Nous avons le pouvoir de garder nos pensées en Dieu et d'avoir la victoire.)

Semaine 29 — Plaire à Dieu (En tout, les chrétiens ont une manière différente de chercher à plaire à Dieu.)

Semaine 30 — De qui êtes-vous l'ami ? (Notre vie témoigne si nous sommes l'ami de Dieu ou de Satan.)

UNE ESPERANCE VIVANTE

Semaine 31 — La joie résultant d'une foi véritable (Jésus est notre vraie joie même dans les moments difficiles.)

Semaine 32 — Un peuple que Dieu s'est choisi (Notre conduite dans la vie doit témoigner que nous appartenons à Dieu.)

Semaine 33 — Connaître la raison de l'espérance (Puisque Dieu est notre espérance, nous devons vivre et la proclamer avec assurance.)

Semaine 34 — Nous avons tout ce dont nous avons besoin.

Semaine 35 — La vérité triomphera à la fin ! (Notre responsabilité est de connaître les faux enseignements qui sont répandus, mais sans y opposer un esprit de jugement.)

ENRICHIR NOS RELATIONS

Semaine 36 — Se marier ou ne pas se marier ? (Tous doivent honorer Dieu dans leurs choix et leurs relations.)

Semaine 37 — Transmettre un héritage spirituel (Nous visons à bâtir et maintenir des saines relations et à être des modèles vivants de la sainte foi en action.)

Semaine 38 — Bâtir un foyer spirituel (Les croyants devraient développer des systèmes d'entraide le long du parcours à vie consistant à aimer Dieu de tout notre être et à transmettre l'amour et la foi aux futures générations.)

Semaine 39 — Se traiter avec respect les uns les autres (Les membres d'une même famille constituant le corps de Christ, ne devraient ni s'exploiter, ni se négliger, ni se maltraiter.)

CHERCHER DIEU

Semaine 40 — Chercher Dieu dans une forme humaine (La grandeur de l'homme ne doit pas être assimilée au fait d'être Dieu.)

Semaine 41 — Chercher Dieu en soi-même (Bien que Dieu nous rend capables d'accomplir des choses extraordinaires, nous devons toujours dépendre de lui.)

Semaine 42 — Chercher Dieu dans la sagesse humaine (Puisque l'intelligence et la capacité d'utiliser notre intelligence vient de Dieu, alors, glorifions Dieu au lieu de nous glorifier nous-mêmes.)

Semaine 43 — Chercher Dieu dans les évènements des derniers temps (Dieu récompensera les justes et punira ceux qui l'ont rejeté.)

VOYAGER AVEC PAUL

Semaine 44 — Compagnons de l'évangile (Développez des liens de partenariat avec les autres chrétiens pour pouvoir croître spirituellement.)

Semaine 45 — Comment réagissent les chrétiens face aux conflits ? (Les chrétiens ne sont pas obligés d'être toujours d'accord, mais ils doivent tous être d'accord à ce propos.)

Semaine 46 — Une question de vie et de mort éternelles (La vie et la mort dépendent de notre manière de traiter le péché.)

Semaine 47 — Plus que vainqueurs ! (Nous pouvons tout surmonter par la foi en Christ.)

Semaine 48 — Nous devons soutenir les faibles (Les chrétiens forts doivent aider les plus faibles.)

LE VRAI MESSIE

Semaine 49 — Une lumière brille au sein des ténèbres (Laissons tout obstacle derrière et soyons la lumière du monde.)

Semaine 50 — Nous ne sommes pas du monde ! (La bataille entre l'amour du monde et l'amour de Jésus cesse lorsque le chrétien est rempli du Saint-Esprit.)

Semaine 51 — L'amour de Dieu manifesté en nous (Nos relations avec les autres sont justement aussi importantes que notre relation avec Dieu.)

Semaine 52 — Celui qui est venu (Notre victoire est assurée, en dépit de nos circonstances par Christ.)

www.ingramcontent.com/pod-product-compliance
Lightning Source LLC
LaVergne TN
LVHW061224100826
845148LV00004B/854
* 9 7 8 1 5 6 3 4 4 7 0 7 5 *